그림으로 보는 도전하는 인물들

교과서에 나오는 한국사 인물

⊙ 사진 제공
42~43쪽-최무선 과학관 전경 및 내부 전시실(최무선 과학관), 61쪽-자격루(국립고궁박물관),
63쪽-앙부일구(국립민속박물관), 69쪽-편경/편종(국립국악원), 70쪽-수표(문화재청), 74쪽-덕수궁 자격루(국립중앙박물관),
75쪽-장영실 과학관 내부 전시실(장영실 과학관)/장영실 과학 동산(동래구 문화시설사업소), 105쪽-동의보감(국립중앙박물관),
106~107쪽-동의보감(국립민속박물관), 137쪽-열하일기(안산시 성호기념관), 174~175쪽-다산초당/다산 기념관(문화재청)

교과서에 나오는 한국사 인물
그림으로 보는 도전하는 인물들

개정판 1쇄 발행 2022년 5월 10일
개정판 3쇄 발행 2024년 11월 30일

글 황은희 왕홍식 김현숙 | **그림** 윤유리

발행인 오형석
편집장 이미현 | **편집** 정은혜 | **디자인** 이희승
발행처 (주)계림북스
신고번호 제2012-000204호 | **등록일자** 2000년 5월 22일
주소 서울시 마포구 창전로 74 여촌빌딩 3층
대표전화 (02)7079-900 | **팩스** (02)7079-956
도서문의 (02)7079-913
홈페이지 www.kyelimbook.com

ⓒ황은희 왕홍식 김현숙, 2022
이 책에 실린 글과 그림, 사진의 무단 전재나 복제를 금합니다.

ISBN 978-89-533-3462-5 74900 | 978-89-533-3457-1(세트)

교과서에 나오는 한국사 인물

그림으로 보는 도전하는 인물들

글 황은희, 왕홍식, 김현숙 | 그림 윤유리

계림북스
kyelimbooks

역사 속 인물들과 함께 역사 여행을 떠나요!

　역사는 아주 오랜 옛날부터 지금까지 살아온 사람들의 이야기예요. 우리에게 잘 알려진 인물부터 잘 알려지지 않은 사람들 모두가 역사의 주인공이지요. 그들은 온갖 어려움 속에서도 나라를 지켜 내고, 더 나은 세상을 만들기 위한 노력을 기울였어요. 그들이 살아온 삶이 모여 역사가 이어져 온 것이랍니다.

　우리가 역사를 공부하는 것은 역사 속 인물을 만나는 과정이에요. 그들이 어떤 생각을 가지고 살아왔고, 그들이 꿈꾸었던 세상은 어떤 모습인지 찾아보는 것이지요. 역사 속 인물들의 업적을 만날 때마다 '나라면 어떻게 했을까?'라고 한 번씩 생각해 보세요. 그들의 삶을 보고 느끼면서 앞으로 어떤 삶을 살아야 할지 깨닫게 될 거예요.

　이 책은 초등학교 교과서에 나오는 역사 속 인물들을 중심으로 엮었어요. 시대를 이끈 인물들, 도전하는 인물들, 정의로운 인물들의 생생한 이야기가 담겨 있지요. 이들은 새로운 시대를 개척하고 더 나은 세상을 만들기 위해, 나눔을 실천하고 다른 사람들이 생각하지 못한 일을 먼저 생각해 냈어요.

　그런데 잠깐, 역사 속 인물들의 수많은 업적 뒤에는 묵묵히 자신들의 삶을 살아 낸 이름 없는 분들의 노력도 있지요. 그들 덕분에 최무선이 화약을 만들어 왜구를 물리치고, 장영실이 과학의 발전을 앞당기고, 허준이 동양 최고의 의학서를 쓰고, 박지원이 새로운 사상을 이끌었지요. 또 정약용이 백성을 위한 학문을 이뤄 냈고요. 그럼 지금부터 역사 속 인물들이 들려주는 이야기를 들으며, 재미있고 의미 있는 역사 여행을 시작해 볼까요?

황은희, 왕홍식, 김현숙

차례

화약을 만들어 왜구를 물리친 최무선

- 화약에 관심이 많던 최무선 ······ 12
  - 외적의 침입에 시달린 고려
  - 왜구의 침략을 보고 자란 어린 시절
  - 화약을 만들기로 결심했어요
  - 염초 만드는 방법을 배웠어요

- 화통도감을 설치하다 ······ 20
  - 화약을 만들자고 건의했어요
  - 화통도감을 설치하고 화포를 만들었어요

한걸음 더 ······ 24
조선의 화약 무기에는 어떤 것이 있을까?
  - 화포를 실을 배가 필요했어요

- 왜구를 물리치다 ······ 28
  - 계속되는 왜구의 침입
  - 진포 대첩을 승리로 이끌었어요
  - 황산에서 왜구를 물리친 이성계
  - 쓰시마섬을 정벌했어요

- 조선에 계승된 화약 제조법 ······ 36
  - 역사 속으로 사라진 화통도감
  - 아버지의 비법을 이어받은 최해산
  - 임진왜란에서 위력을 발휘한 화약 무기

한걸음 더 호국 정신이 깃든 최무선 과학관 ······ 42

조선의 과학 기술을 발전시킨 장영실

- 노비 출신의 기술자, 장영실 ······ 46
  - 호기심이 많고 재주가 남달랐어요
  - 한양에서 살게 되었어요
  - 명나라에 가게 된 장영실

- 천문 관측기구를 만들다 ······ 52
  - 노비 신분에서 벗어났어요
  - 조선의 천문학 수준을 높이다

한걸음 더 우리나라에 맞는 달력, 칠정산 ······ 56

- 다양한 시계를 만들다 ······ 58
  - 첫 번째로 만든 물시계
  - 자동으로 시간을 알려 주는 자격루
  - 독특한 모양의 해시계, 앙부일구
  - 왕을 위해 만든 시계, 옥루

- 과학 기술 발전에 공을 세우다 ······ 66
  - 금속 활자를 만들었어요
  - 나랏일에 쓰일 악기를 만들었어요
  - 비의 양을 재는 기구를 만들었어요
  - 벼슬을 그만두게 되었어요

한걸음 더 ······ 74
장영실이 만든 과학 기기를 보러 갈까요?

〈동의보감〉을 쓴 조선 최고의 명의, 허준

- 꿈을 위해 열심히 공부하다 ········· 78
  - 공부하기를 좋아했던 어린 시절
  - 의원이 되기로 결심했어요
  - 유희춘의 조언을 받았어요
  - 약재를 연구했어요
  - 의술을 널리 펼쳤어요
- 왕의 병을 고치는 의원이 되다 ········· 88
  - 궁궐 의원이 되었어요
  - 첫 번째 의학서를 썼어요
  - 광해군의 병을 고쳤어요

한걸음 더 조선 시대 백성들을 위한 의료 기관 ···· 94

- 임진왜란 때 활약하다 ········· 96
  - 전쟁이 일어났어요
  - 의학서를 펴내라는 명을 받았어요
  - 내의원의 최고 책임자가 되었어요
- 〈동의보감〉을 완성하다 ········· 102
  - 귀양살이를 가게 되었어요
  - 〈동의보감〉을 썼어요
  - 중국과 일본에도 알려진 〈동의보감〉

한걸음 더 허준 박물관을 찾아서 ········· 108

청의 문물을 받아들일 것을 주장한 박지원

- 소설을 써서 조선의 문제점을 알리다 ……… 112
  - 할아버지의 보살핌 속에서 자랐어요
  - 좋은 스승과 벗을 만났어요
  - 소설로 양반 사회를 풍자했어요
  - 과거 합격에 뜻을 두지 않았어요

- 북학파를 이끌다 ……………………… 120
  - 백탑파 모임이 생겼어요
  - 제자를 맞이했어요
  - 북학파가 만들어졌어요

한걸음 더 …………………………… 126
북학파의 대표적인 인물은 누구일까요?

  - 홍국영을 피해 연암골에 살았어요

- 청나라를 여행하다 ……………… 130
  - 친척 형을 따라 청나라에 갔어요
  - 청나라 수도, 베이징에 도착했어요
  - 만리장성을 넘어 열하까지 따라갔어요
  - 중국 기행문 〈열하일기〉를 썼어요

- 늦은 나이에 벼슬살이를 하다 ……… 138
  - 관리가 되어 자신의 뜻을 펼쳤어요
  - 최초로 물레방아를 만들었어요
  - 벼슬에서 물러나 한양에서 살았어요

한걸음 더 연암 물레방아공원을 찾아서 ……… 144

실학의 체계를 완성한
정약용

- 배움을 즐겼던 정약용 ·············· 148
  - 아버지의 가르침을 받았어요
  - 책 읽기를 좋아했어요
  - 현실에 도움이 되는 학문을 알게 되었어요
  - 성균관에서 공부했어요
  - 천주교를 알게 되었어요

- 정조의 총애를 받은 정약용 ·············· 158
  - 규장각의 관리가 되었어요
  - 한강에 배다리를 놓았어요
  - 수원 화성을 설계했어요
  - 암행어사가 되었어요
  - 지방관이 되어 백성의 삶을 살폈어요

- 18년간의 유배 생활 ·············· 169
  - 유배를 떠나게 되었어요
  - 책을 쓰고 제자를 길러 냈어요
  - 자식을 사랑한 아버지, 정약용

한걸음 더 ·············· 174

정약용이 오랜 기간 머물던 다산초당

- 500여 권의 책을 남기다 ·············· 176
  - 고향으로 돌아왔어요
  - 1표 2서가 뭐예요?
  - 정약용이 쓴 의학서, 〈마과회통〉
  - 백성을 위해 공부한 정약용

한걸음 더 실학 박물관을 찾아서 ·············· 184

〈부록〉 도전하는 인물들 연보

1395년 4월, 조선을 건국한 태조 이성계는 큰 슬픔에 빠졌어요. 젊은 시절 자신과 함께 왜구를 물리치는 데 뜻을 같이했던 한 사람이 죽었기 때문이지요. 바로 최무선이에요. 최무선은 오랜 연구 끝에 우리나라에서 처음으로 화약을 만들어 낸 사람이지요. 그리고 화포를 제작하여 백성들을 괴롭히던 왜구를 무찔렀어요.
그런데 최무선이 화약과 화포를 만드는 과정은 결코 쉽지 않았어요.
지금부터 최무선이 어떻게 화약을 만들고, 왜구를 물리쳤는지 살펴볼까요?

화약을 만들어 왜구를 물리친 최무선

화약에 관심이 많던 최무선

외적의 침입에 시달린 고려

최무선은 고려 말, 경상도 영주(지금의 경상북도 영천)에서 태어났어요. 당시 고려는 원의 간섭을 받고 있던 시기였어요. 원은 고려를 사위의 나라로 삼고, 자신들이 필요한 여러 가지 물건을 바치게 했어요. 그런데 고려는 원의 간섭 말고도 또 다른 어려운 일을 겪었어요. 홍건적과 왜구가 빈번하게 침략했던 것이에요.

★**홍건적** 원나라 말기에 일어난 농민 반란군으로, 머리에 빨간 수건을 둘러서 붙여진 이름이에요.
★**왜구** 일본의 해적 집단을 말해요.

화약을 만들어 왜구를 물리친 최무선

홍건적은 공민왕 때 고려에 쳐들어왔어요. 홍건적의 침입으로 고려는 한때 도읍인 개경을 빼앗기기도 했어요. 공민왕은 이를 피해 경상도의 안동까지 피란을 가기도 했고요. 하지만 최영과 이성계 등의 활약으로 홍건적을 물리칠 수 있었어요. 그 후 홍건적은 더 이상 고려를 괴롭히지 않았어요. 그렇다면 왜구는 어땠을까요?

★**도읍** 한 나라의 중앙 정부가 있는 곳이에요.

그럼요. 금은보화, 비단, 인삼 등 고려의 각종 귀한 물건들은 죄다 가져온걸요.

왜구의 침략을 보고 자란 어린 시절

왜구는 최무선이 태어나기 훨씬 전부터 고려 사람들을 못살게 굴었어요. 특히 고려 해안가 마을을 휘저어 놓았지요. 곡식과 물건 들을 빼앗아 가고 죄 없는 사람들을 마구 잡아 죽였어요. 최무선은 어린 시절부터 왜구의 노략질 때문에 늘 골치 아파하던 아버지를 보고 자랐어요.

화약을 만들어 왜구를 물리친 최무선

최무선의 아버지는 관리들에게 녹봉★으로 주는 쌀을 거두어 보관하는 광흥창의 관리였어요. 고려 시대에는 세금으로 거둔 쌀을 서해안의 바닷길을 따라 도읍인 개경으로 운반해 왔는데, 이때 걷은 쌀을 왜구에 빼앗기는 일이 종종 일어났어요. 광흥창의 관리였던 최무선의 아버지는 걱정이 클 수밖에 없었지요. 최무선은 어떻게 하면 왜구를 물리칠 수 있을지 고민했어요. 이후 고려 제32대 왕인 우왕 때 나라의 관리가 되면서 고민을 해결하기 위해 노력했지요.

★**녹봉** 나라에서 관리에게 일한 대가로 주던 봉급으로, 주로 쌀이나 옷감으로 지급했어요.

화약을 만들기로 결심했어요

'왜구를 물리치는 좋은 방법이 없을까?'
고민하던 최무선은 화약에 대해 알게 되었어요. 당시 고려는 중국에서 화약을 사 와 궁궐에서 불꽃놀이를 할 때 주로 사용했지요. 최무선은 화약을 직접 만들고 중국처럼 무기로 사용한다면 왜구를 물리치는 데 도움이 될 거라고 생각했어요. 그렇지만 당시 고려 사람들 중에서는 화약 만드는 방법을 아는 사람이 없었어요.

화약을 만들어 왜구를 물리친 최무선

화약을 직접 만들기로 한 최무선은 화약에 대해 알 수 있는 책들을 찾아 열심히 공부했어요. 마침내 화약을 만드는 주요 재료가 숯과 유황, 염초라는 사실을 알아냈지요. 그러나 바로 화약을 만들 수는 없었어요. 화약의 재료인 숯과 유황은 쉽게 구할 수 있지만 염초는 어떻게 만드는지 도무지 알 수 없었거든요. 또 염초를 만든다고 해도 세 가지 재료를 어떤 비율로 섞어야 되는지도 몰랐고요.

★**염초** 화약을 만드는 중요한 재료예요.

염초 만드는 방법을 배웠어요

최무선은 염초 만드는 방법을 알아내기 위해 중국 사람을 만나야 된다고 생각했어요. 그래서 그들을 만나기 위해 벽란도에 자주 나갔어요. 벽란도는 고려에 오는 중국 사람들이 드나드는 항구였거든요. 그곳에서 열심히 배운 중국어로 여기저기 수소문한 끝에 염초를 만들 수 있는 사람을 만났어요. 그가 바로 '이원'이에요.

최무선은 이원을 자신의 집으로 데려가 몇 날 며칠을 정성을 다해 대접했어요. 처음에 이원은 염초 만드는 방법을 가르쳐 주지 않으려 했어요. 원나라는 화약 만드는 방법을 다른 나라에 알려 주는 것을 금지했거든요. 최무선은 마침내 이원을 설득하여 염초 만드는 비법을 알게 되었어요. 먼지가 많은 흙을 물에 넣고 끓이면, 하얀 알갱이가 생겨요. 이게 바로 염초이지요.

화약을 만들자고 건의했어요

염초 만드는 방법을 알게 된 최무선은 사람들에게 마을 곳곳에서 먼지가 많은 흙을 찾아오도록 했어요. 사람들은 집집마다 돌아다니며 마루와 지붕 끝의 처마, 담벼락 등에서 흙을 모아 왔어요.

"흙에 오줌을 넣고 잘 섞어야지."

최무선은 염초를 만들기 위해 여러 번 실험을 했지만 번번이 실패했어요. 그러다 드디어 염초를 만들 수 있게 되었지요.

"이제 염초를 만들어 냈으니 화약 만드는 것은 시간문제지. 염초에 유황과 숯을 일정한 비율로 넣어 잘 섞기만 하면 돼."

마침내 최무선은 화약을 만드는 데 성공했어요. 그리고 이 사실을 조정에 알렸어요. 처음에 관리들은 그의 말을 믿지 않았어요. 심지어 최무선이 거짓말을 한다고 생각한 사람도 있었다고 해요. 이에 최무선은 자신이 만든 화약을 발사하는 실험을 해 보자고 건의했어요.

화통도감을 설치하고 화포를 만들었어요

"슝, 슝, 우르르 쾅쾅!"

화약을 매단 불화살이 날아가 폭발하는 모습을 본 관리들은 깜짝 놀랐어요. 그 소리가 매우 크고 화약이 폭발하는 모습도 위협적이었거든요. 사실 이전에도 화약 발사 실험을 한 적이 있었어요. 그런데 그때 사용한 화약은 중국에서 만든 것이었어요.

"우리 손으로 화약을 직접 만들어 불화살을 쏘게 되다니!"

화약 발사 실험은 관리들과 왕의 마음을 움직였어요.

화약을 만들어 왜구를 물리친 최무선

1377년, 우왕은 드디어 화통도감을 설치하라는 명령을 내리고 최무선을 총책임자로 삼았지요.
"불화살보다 더 위협적인 화포를 만들어야지!"
최무선은 다양한 크기의 화포를 만들었어요. 화포 중 가장 큰 것은 '대장군포'라고 불렀어요. 그런데 안타깝게도 최무선이 만든 화포는 현재 남아 있지 않아요. 하지만 조선 시대에 만들어진 것으로 그 모습을 짐작할 수 있지요.

한걸음 더
조선의 화약 무기에는 어떤 것이 있을까?

고려에 이어 조선 시대에도 화약 무기가 만들어졌어요. 특히 세종 때에는 최무선이 만든 주화를 더욱 발전시킨 신기전이 만들어졌어요. 압록강과 두만강 유역에 4군과 6진이 설치되면서 화약 무기의 필요성은 더욱 높아졌지요.
세종 때 만들어진 신기전은 그 종류도 다양했어요. 오늘날의 미사일과 같은 대신기전부터, 가지고 다니며 쏠 수 있는 소신기전까지 있었지요. 특히 대신기전은 압록강 건너에 있는 적을 공격할 수 있을 정도로 멀리 날아갔답니다.

★**주화** '달리는 불'이란 뜻으로, 화살에 화약을 매달아 날아가게 만든 것이에요.
★**신기전** 종이 화약통을 화살에 매달아 로켓처럼 날아가게 만들었어요.

내가 바로 조선 시대 최첨단 무기, 신기전이다!

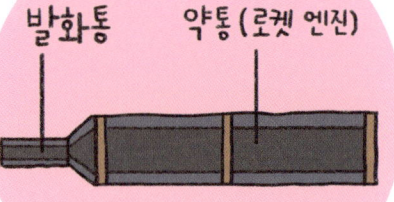
발화통 | 약통 (로켓 엔진)

오~메~
도대체 얼마나 멀리 날아가는겨.

신기전 이외에도 여러 가지 종류의 총통과 폭탄도 만들어졌어요. 총통은 오늘날의 대포처럼, 둥근 포탄이나 커다란 화살을 발사하는 무기예요. 가장 큰 화살을 발사하는 장군화통은 성인 네 명이 운반해야 할 정도였어요. 선조 때에는 '비격진천뢰'라는 폭탄도 만들어졌어요. 폭발할 때 하늘을 뒤흔들 정도로 큰 소리가 난다고 하여 붙여진 이름이지요. 비격진천뢰는 무쇠로 둥글게 만든 폭탄으로, 속에는 화약과 여러 철 조각 및 불을 붙이는 선을 함께 넣어요. 이때 선을 감는 횟수에 따라 폭발하는 시간을 조절할 수 있었다고 하니 일종의 시한폭탄인 셈이지요.

화포를 실을 배가 필요했어요

화포로 왜구를 물리치기 위해서는 몇 가지 더 해결해야 할 문제가 있었어요. 무거운 화포를 배에 실어야 한다는 것이에요. 왜냐하면 바다에서 왜구를 공격하기 위해서였지요. 육지에서 화포를 이동하려면 시간도 오래 걸리고, 왜구가 육지로 들어오기 전에 공격해야 백성들의 피해를 줄일 수 있거든요.

화약을 만들어 왜구를 물리친 최무선

그런데 당시 고려에는 화포의 무게를 견딜 수 있고, 화포를 쏠 때 충격에 흔들려도 뒤집히지 않는 배가 필요했어요. 화통도감 관리들은 연구 끝에 이 문제를 해결할 수 있는 배를 만들었어요. 그 수는 100여 척 가까이 되었지요. 그리고 화포를 잘 다룰 수 있게 병사들도 훈련시켰어요.

왜구를 물리치다

계속되는 왜구의 침입

고려 말에는 왜구가 자주 나타나 쌀을 비롯한 재물을 약탈해 갔어요. 심지어 고려 백성들을 잡아다 노예로 팔기까지 했지요. 특히 공민왕과 우왕 때 가장 심했어요. 공민왕 23년 동안 약 110여 회, 우왕 14년 동안은 무려 370여 회나 고려 사람들을 괴롭혔지요. 왜구는 도읍인 개경의 코앞에 있는 예성강까지 쳐들어오기도 했어요. 그래서 신하들 중에는 도읍을 다른 곳으로 옮겨야 한다고 얘기하는 사람도 있었어요.

화약을 만들어 왜구를 물리친 최무선

왜구는 보통 50여 척에서 200여 척의 배를 이끌고 고려에 나타났어요. 처음에는 주로 경상도와 전라도 해안가에 나타났어요. 그러다가 점차 북쪽의 함경도와 평안도 지방까지 나타났지요. 물론 고려가 속수무책으로 당하기만 한 것은 아니었어요. 공민왕 때인 1364년에는 3천여 명의 왜구를 물리치기도 했어요. 그렇지만 왜구의 노략질을 뿌리 뽑을 수는 없었어요.

진포 대첩을 승리로 이끌었어요

1380년 금강 하류의 진포(지금의 군산) 앞바다에 왜구를 실은 500여 척의 배가 나타났어요. 이 소식을 들은 고려 조정은 왜구를 물리치기 위해 나세 장군을 총책임자인 원수에 임명했어요. 최무선은 부원수가 되었고요. 왕의 명령을 받은 최무선을 비롯한 고려의 군사들은 80여 척의 배에 화포를 싣고 진포 앞바다로 나아갔어요.

적군을 향해 대포를 쏴라!

화약을 만들어 왜구를 물리친 최무선

고려군의 배가 도착했을 때 왜구 대부분은 육지에 올라가 있었어요. 배들을 밧줄로 꽁꽁 묶어, 파도에 휩쓸려 떠내려가지 않고 배와 배 사이를 쉽게 오갈 수 있도록 해 놓았지요.

"기회는 이때다! 대포를 쏘아 왜구의 배를 불태워라."

고려군은 대포를 쏘았어요. 갑작스러운 공격에 놀란 왜구는 배를 타고 달아나려 했지만 쉽지 않았어요. 고려군이 쏜 대포에 왜구의 배가 거의 불탔고 고려가 큰 승리를 거두었지요. 이 해상 전투가 바로 '진포 대첩'이에요.

황산에서 왜구를 물리친 이성계

진포 대첩에서 왜구를 크게 물리친 고려에 한 가지 문제가 생겼어요. 살아남은 왜구들이 배를 타고 도망치지 못하자, 고려의 육지 깊숙한 곳까지 들어와 약탈을 일삼은 것이지요. 이들은 지나가는 곳마다 마을을 불태우며 많은 사람을 죽였고, 도읍인 개경까지 쳐들어가려고 했어요. 이를 막아선 사람이 이성계였어요. 당시 이성계는 경상도, 전라도, 양광도★의 3도를 지키는 관리였어요.

이성계는 황산★에서 왜구와 맞서 싸웠어요. 전쟁을 하는 동안 왜구가 쏜 화살에 다리를 맞아 위기를 겪기도 했지요. 그러나 결국 고려군은 왜구의 총대장을 없애고 전쟁을 승리로 이끌었어요. 이때 살아서 도망간 왜구는 70명 정도밖에 안 되었다고 해요. 이 전쟁이 '황산 대첩'이에요. 황산 대첩을 승리로 이끈 이성계는 이름을 크게 떨쳤어요.

★**양광도** 지금의 충청도와 경기도 일부를 가리켜요.
★**황산** 전라도 남원의 지리산 일대를 말해요.

쓰시마섬을 정벌했어요

진포 대첩과 황산 대첩 이후에도 왜구의 노략질이 완전히 사라지지는 않았어요. 고려 조정은 왜구의 근거지인 쓰시마섬을 정벌하기로 했어요. 경상도를 지키던 박위가 100여 척의 전함을 이끌고 왜구 정벌에 나섰어요. 쓰시마섬에 도착한 고려군은 먼저 대포를 이용해 해안가에 있던 왜선 300여 척을 불태웠어요.

화약을 만들어 왜구를 물리친 최무선

고려군이 상륙하자 왜구는 이를 피해 섬의 산속 깊숙한 곳에 꼭꼭 숨어 버렸어요. 왜구 소탕에 실패한 고려군은 다시 돌아올 수밖에 없었지만 그곳에 붙잡혀 있던 고려 백성 100여 명을 데려올 수 있었어요.
고려가 쓰시마섬을 정벌한 이후 왜구의 침입은 조금씩 줄어들었답니다.

조선에 계승된 화약 제조법

역사 속으로 사라진 화통도감

최무선은 화통도감에서 일하면서 여러 종류의 화약 무기를 만들었다고 해요. 무기 중에는 다양한 크기의 화포와 '달리는 화살'이라고 불리는 주화도 있었어요. 그러던 어느 날 최무선은 뜻밖의 소식을 들었어요. 임시 기구였던 화통도감을 없앴다는 이야기였지요.

화약을 만들어 왜구를 물리친 최무선

"전하, 이제 왜구의 노략질이 점점 줄어들고 있으니 비용이 많이 드는 화통도감을 없애는 것이 좋을 듯합니다."
고려 말, 한 신하가 상소를 올렸어요. 그의 주장이 받아들여져 화통도감은 무기를 다루는 '군기시'라는 관청에 합쳐졌어요. 10여 년 만에 화통도감이 폐지된 것이지요. 그렇다면 왜구의 위협은 정말 사라진 것일까요? 천만에요. 조선의 제3대 왕인 태종 때까지 이어졌어요.

아버지의 비법을 이어받은 최해산

조선이 세워진 후 이성계는 최무선에게 벼슬을 내렸지만 그것은 이름뿐인 관직이었어요. 화약 제조법을 직접 전해 줄 수 없게 되자, 최무선은 화약 만드는 방법과 무기 제작 방법에 대한 책을 썼어요. 현재는 남아 있지 않은 〈화약 수련법〉, 〈화포법〉 등이 그것이지요.

"이 책을 잘 간직하고 있다가 아이가 자라면 전해 주시오."

1395년, 최무선은 자신이 쓴 책을 아들인 최해산에게 주라는 유언을 남긴 채 세상을 떠났어요.

화약을 만들어 왜구를 물리친 최무선

내가 만든 화차가 이렇게 강력한 무기로 발전하다니… 역시 피는 못 속여.

최해산은 스물한 살이 될 무렵 무기를 만드는 군기시의 관리가 되었어요. 아버지가 남긴 책으로 공부한 최해산은 여러 가지 화약 무기를 개발할 수 있었어요. 그중 대표적인 것이 화차예요. 화차는 화약을 이용하여 철령전* 여러 개를 쏠 수 있게 만든 것이에요.

★**철령전** 철로 만든 날개를 화살의 중간 부분에 붙여서 만든 화살이에요.

화약을 만들어 왜구를 물리친 최무선

임진왜란에서 위력을 발휘한 화약 무기

'어떻게 하면 화차를 쉽게 운반할 수 있을까?'
화차는 조선 제5대 왕인 문종의 생각이 더해져 바퀴를 달아 이동할 수 있게 만들었어요. 또 총통기나 신기전기 중 하나를 수레에 올려놓고 사용할 수 있게 했지요. 그중 신기전기는 화살에 화약통을 달아 화약으로 발사하는 신기전을 쏘는 장치예요. 신기전기를 사용하면 서너 명의 병사가 한 번에 100발의 화살을 쏠 수 있었다고 하니 대단하지요.
1592년 임진왜란 때 사용한 화차의 성능은 더욱 강력했어요. 수레 위에 40개의 총통을 놓고 총의 심지를 이어서 쏠 수 있게 했거든요. 특히 행주대첩에서 화차가 큰 위력을 발휘했어요. 당시 행주산성을 지키던 조선군은 약 3천 명이었어요. 그곳을 공격한 일본군은 조선군의 열 배나 되는 3만여 명이었고요. 화차 덕분에 조선군은 수적인 열세에도 큰 승리를 거둘 수 있었답니다.

한걸음 더

호국 정신이 깃든 최무선 과학관

밤하늘에 빛나는 별 중 '최무선별'이 있다는 사실을 알고 있나요? 2004년 우리나라 과학자들이 소행성 다섯 개를 발견했어요. 그중 하나에 최무선이란 이름을 붙인 것이에요. 소행성은 처음 발견한 사람이 별의 이름을 지을 수 있거든요. 최무선이 우리 역사상 위대한 과학자 중 한 명이기 때문에 가능한 일이지요.

최무선과 그가 만든 화약 무기에 대해 좀 더 알고 싶다면 가 볼만한 곳이 있어요. 바로 최무선 과학관이죠. 최무선 과학관은 경상북도 영천에 있답니다. 영천은 최무선의 고향이에요. 영천에는 최무선의 이름을 딴 도로가 있을 정도예요. 또 해마다 4월경에는 여러 가지 과학 행사와 최무선 장군의 추모제가 열리기도 해요.

최무선 과학관 1층에서는 다양한 종류의 화포를 볼 수 있어요. 아쉽게도 최무선이 만든 화포는 현재 남아 있지 않아요. 여기에 전시된 화포는 조선 시대에 만들어진 것을 복원한 거예요. 화포 구경을 한 다음, 화약을 만들어 보는 체험 코너에 가 보는 것도 좋아요.
2층 전시실에는 최무선이 만든 다양한 화약 무기가 전시되어 있어요. 또 화차의 모습도 볼 수 있답니다. 다양한 전시물을 살펴보면서 나라를 지키려 했던 최무선의 열정을 느껴 보세요.

최무선 과학관
위치 경북 영천시 금호읍 창산길 100-29
전화 054-331-7096
관람료 무료
홈페이지 https://www.yc.go.kr/toursub/cms

조선은 신분 제도가 매우 엄격했어요. 이런 조선 시대에 노비 출신으로 높은 벼슬에 오른 사람이 있었어요. 바로 장영실이랍니다. 노비였던 장영실이 어떻게 벼슬을 할 수 있었을까요? 그건 뛰어난 재주로 세종 때 여러 과학 기구를 만들었기 때문이에요. 지금부터 장영실이 만든 과학 기구는 어떤 것이 있는지 살펴볼까요?

조선의 과학 기술을 발전시킨 장영실

노비 출신의 기술자, 장영실

호기심이 많고 재주가 남달랐어요

"해 하고 달 중에 어떤 게 더 클까요? 계절에 따라 별도 움직이는 걸까요?"
장영실은 어려서부터 궁금한 것이 많았어요. 하늘에 떠 있는 달과 해의 움직임도 궁금하고, 달은 왜 매일매일 모습이 변하는지도 궁금했어요.
호기심 많았던 어린 장영실은 동래현★ 관청에 소속된 노비였어요.
기녀★ 출신인 어머니 때문에 자식인 장영실도 노비로 살아갈 수밖에 없었던 것이지요.

★**동래현** 고려 시대부터 조선 전기까지 부산에 있던 지방 행정 구역을 말해요.
★**기녀** 춤이나 노래, 의술을 익혀서 나라에서 필요한 때에 봉사하는 관아에 속한 노비예요.

조선의 과학 기술을 발전시킨 장영실

장영실은 고장 난 농기구나 무기 고치는 일을 잘했어요. 어려서부터 손재주가 좋았거든요. 장영실의 성실함과 야무진 솜씨가 동래현 사람들에게 널리 알려졌어요. 사람들은 고칠 물건이 있으면 앞다퉈 장영실에게 가져갈 정도였지요. 동래현의 수령도 물건을 척척 고쳐 내는 장영실을 기특하게 생각했어요.

한양에서 살게 되었어요

어느 날 동래현에 조선 제3대 임금인 태종의 명령이 내려졌어요.
'재주가 있는 사람은 어떤 신분이라도 나라에 추천하시오.'
평소 장영실의 솜씨를 눈여겨보았던 동래현 수령은 장영실이 딱 알맞은 사람이라 생각했어요. 그는 장영실을 추천했어요. 덕분에 장영실은 한양에 가서 살게 되었지요.

조선의 과학 기술을 발전시킨 장영실

한양에 온 장영실은 어떤 일을 했을까요? 당시 조선은 나라를 세운 지 얼마 되지 않아 새로 건물을 짓고 성곽을 수리하는 등 해야 할 일이 많았어요. 장영실은 이런 일들에 참여했어요. 그리고 동래현에서 했던 것처럼 무기나 농기구를 고쳐 내는 일도 했지요. 이외에 금속을 다루는 기술이 뛰어나서 광물에서 철이나 구리 같은 금속을 뽑아내는 일도 했답니다.

명나라에 가게 된 장영실

'명나라에 기술자를 보내 천문 관측기구 만드는 방법을 알아 와야 하는데 누가 좋을까? 옳지! 장영실이 손재주가 좋으니 그를 보내면 되겠다.'
세종은 일찌감치 장영실의 능력을 눈여겨보고 있었어요. 세종은 장영실과 기술자 몇 명을 사절단과 함께 명나라에 보냈어요. 그리고 명나라의 천체 관측 기술을 배워 올 수 있도록 아낌없는 지원을 했어요.

조선의 과학 기술을 발전시킨 장영실

명나라는 원나라 때 만들어진 달력을 고쳐서 사용하고 있었어요. 중국은 원나라 때 천문학이 아주 발달했었거든요. 장영실 일행은 원나라 때 만들어진 천문 관측대인 관성대를 살펴보려 했지만 여의치 않았어요. 그래서 그곳에서 천문학과 관측기구에 대한 여러 책을 구해서 조선으로 돌아왔어요. 세종은 그들이 돌아오자 천문 관측기구를 만들 수 있도록 관청을 설치하라고 명했어요.

천문 관측기구를 만들다

노비 신분에서 벗어났어요

명나라에서 돌아온 장영실은 세종의 명을 받들어 천문 관측기구를 만들기 위해 노력했어요. 그런데 한 가지 문제가 있었어요. 다양한 일들을 의논하기 위해서는 임금님과 자주 만나야 하는데, 노비라는 장영실의 신분이 걸림돌이 되었거든요. 세종은 장영실을 가까이에서 만나기 위해 벼슬을 내려 주어야겠다고 결심했어요.

조선의 과학 기술을 발전시킨 장영실

세종은 장영실에게 상의원의 별좌라는 벼슬을 내려 주었어요. 엄격한 신분 사회였던 조선에서 이처럼 노비가 양반이 되는 일은 거의 있을 수 없는 일이었어요. 신하들의 반대도 심했지요. 세종은 이런 반대를 무릅쓰고 장영실에게 관직을 준 거예요. 노비 신분을 벗은 장영실은 세종과 가까운 거리에서 만날 수 있게 되었어요.

★**상의원** 왕을 비롯한 궁궐 사람들의 의복과 여러 가지 필요한 물품을 담당하는 곳이에요.

조선의 천문학 수준을 높이다

"조선에는 아직 천문 관측기구가 없으니 이를 만들도록 해라."
평소 신하들과 토론을 하거나 공부하기를 즐겼던 세종은 정인지에게
간의를 만들라고 했어요. 간의는 하늘에 있는 행성들의 위치를 측정하는
기구예요. 정인지는 정초, 이천, 장영실 등과 함께 연구하고 또 연구했지요.
우선 나무로 만들어 실험을 해 본 후 성공하자, 구리로 간의를 만들었어요.
간의는 매우 뛰어난 천문 관측기구였어요.

조선의 과학 기술을 발전시킨 장영실

그 후에도 장영실을 비롯한 조선의 과학자들은 혼상과 혼천의 등 여러 가지 천문 기구를 만들었어요. 혼상은 둥근 공 모양으로 만들어졌는데, 겉면에는 우리나라에서 볼 수 있는 여러 별자리를 표시했어요. 혼천의는 여러 개의 원형으로 된 띠가 서로 맞물려 돌아가는 모습을 하고 있으며, 여러 행성의 위치를 측정하는 기구예요. 두 천문 기구는 물의 힘을 이용해 하루에 한 바퀴씩 돌아가도록 장치되어 있어요.

우리나라에 맞는 달력, 칠정산

장영실이 뛰어난 과학 기기를 많이 만들 수 있었던 것은 세종 대왕 덕분이에요. 과학 기술에 관심이 많았던 세종이 장영실을 곁에 두고 여러 가지를 만들 수 있도록 했거든요.

세종은 우리나라에 맞는 달력을 가지고 싶어 했어요. 당시 우리나라는 명나라의 달력을 사용했는데, 우리와 계절이 맞지 않아 농사를 짓는 데 어려움이 많았거든요. 또 일식이 언제 일어날지 알기 위해 정확한 달력이 필요했어요. 옛날 사람들은 태양이 곧 왕이라고 생각했지요. 그러니 태양이 가려지는 일식은 단순한 자연 현상이 아니라, 하늘이 왕에게 정치를 잘하라고 보내는 경고라 여겼어요.

★**일식** 달이 태양의 전부나 일부를 가리는 현상을 말해요.

세종은 조선의 달력을 만들기 위해 능력 있는 사람을 모았어요. 이론과 원리는 세종, 정인지, 정초가 담당하고, 수학적 기반은 이순지, 김담이 맡았지요. 또한 현장 지휘는 이천, 기계 제작 담당은 장영실의 몫이었고요.

드디어 '칠정산'이란 달력이 만들어졌어요. 칠정산은 해와 달, 수성, 금성, 화성, 목성, 토성 등의 움직임을 계산해서 만든 거예요. 또 중국과 아라비아의 달력도 참고했고요. 장영실이 만든 관측기구 덕분에 해와 여러 별자리의 움직임을 정확하게 관찰할 수 있었지요.

다양한 시계를 만들다

첫 번째로 만든 물시계

조선 시대에는 밤에 한양 도성의 문을 닫고 새벽에 다시 열었어요. 성문을 열고 닫는 일은 도읍지인 한양을 지키기 위해 꼭 필요한 일이었지요. 한 가지 주의할 점은 그 시간이 일정해야 된다는 것이에요. 그렇지 않으면 백성들이 생활하는 데 불편할 수 있거든요. 이를 위해 꼭 필요한 것이 정확한 시계였어요. 그런데 주로 밤과 새벽에 사용해야 되니까 해의 그림자를 이용해 시간을 알아내는 해시계는 사용할 수 없었어요.

조선의 과학 기술을 발전시킨 장영실

그래서 장영실은 중국의 물시계를 참고하여 '경점지기'를 만들었어요. 경점지기는 청동 항아리 몇 개를 층층이 놓고 물이 흘러가게 만든 것이에요. 그리고 가장 아래에 있는 항아리에 일정한 간격의 눈금이 새겨진 막대기를 놓았어요. 물이 흘러내려 막대기가 솟아오르면 이를 지켜보던 사람이 북이나 종을 쳐서 시간을 알리도록 했지요.

자동으로 시간을 알려 주는 자격루

경점지기는 사용하는 데 불편한 점이 있었어요. 늘 옆에서 지키고 있어야 했거든요. 잘 지켜보지 않으면 종종 시간 알려 주는 것을 놓치기도 했고요. 세종은 장영실에게 이 문제를 해결하라는 명령을 내렸어요.

장영실은 명나라에서 가져온 자료를 바탕으로 여러 가지 실험을 했어요. 그리고 마침내 자동으로 시간을 알려 주는 물시계인 '자격루'를 만들었어요. 이제는 사람이 옆에서 지키지 않아도 물이 흐르면 자동으로 북이나 종이 울려 시간을 알 수 있었지요. 세종은 크게 기뻐하며 장영실에게 더 높은 벼슬을 내려 주었어요. 그리고 경복궁에 '보루각'을 지어 자격루를 두고 조선의 기준 시계로 삼았답니다.

독특한 모양의 해시계, 앙부일구

자격루를 만든 후 장영실은 새로운 고민이 생겼어요.
'시간과 절기를 함께 알 수 있는 시계를 만들 수 없을까?'
오랜 궁리 끝에 만들어진 시계가 '앙부일구'예요. 이름이 좀 어렵죠? 한자로 '앙'은 우러르다, '부'는 솥, '일구'는 해시계라는 뜻이에요. 즉, '앙부일구'는 하늘을 보고 있는 밥솥 모양의 해시계이지요. 평평한 면에 막대를 꽂아 만든 이전의 해시계와는 달리 독특한 모양을 하고 있답니다.

조선의 과학 기술을 발전시킨 장영실

또 한 가지 다른 점은 앙부일구 안쪽에 여러 개의 선이 그어져 있다는 것이에요. 이를 통해 시간뿐만 아니라 농사지을 때 필요한 24절기를 알 수 있도록 했어요. 게다가 글을 모르는 백성들도 시간을 쉽게 알 수 있도록 어려운 한자가 아니라 쥐, 소를 비롯한 십이지신의 동물을 그려 넣었어요. 이렇게 만든 앙부일구는 백성들이 쉽게 볼 수 있도록 사람이 많이 다니는 청계천의 혜정교라는 다리와 종묘 앞에 설치했답니다.

왕을 위해 만든 시계, 옥루

'나를 아껴 주시는 임금님의 은혜에 어떻게 보답하면 좋을까? 그래, 임금님을 위한 시계를 만들어야겠다.' 장영실은 세종을 위해 '옥루'라는 시계를 만들었어요. 옥루는 자동 물시계인 자격루의 기능을 기본으로 하고 여기에 계절의 변화까지 알 수 있게 만든 것이에요. 겉모습은 높이 2미터 정도의 종이로 만든 산이지만 그 속에는 자격루처럼 여러 가지 장치를 하였어요.

> 전하만을 위해 선물을 준비했습니다.

산 위에는 해 모양을 만들어 하루에 한 바퀴씩 돌게 하였으며, 선녀와 십이지신, 방위를 알려 주는 4신 등 여러 가지 다양한 인형을 만들어 시간을 알려 주었어요. 특히 십이지신 인형은 해당 시간이 되면 엎드렸다 일어나도록 만들었다고 해요. 세종은 옥루를 가까이에서 보고 싶어 했어요. 그래서 경복궁 안, 왕이 잠을 자던 강녕전 옆에 '흠경각'을 짓고 옥루를 그곳에 두도록 했답니다. 옥루를 보고 기뻐하는 세종을 보자 장영실은 뿌듯했어요.

과학 기술 발전에 공을 세우다

금속 활자를 만들었어요

우리나라는 고려 시대부터 금속 활자로 책을 찍어 냈어요. 그중 〈직지심체요절〉은 현재까지 전하는 것 중 세계에서 가장 오래된 금속 활자본이에요. 고려 시대의 전통은 조선 시대에도 이어져 조선 제3대 왕인 태종 때 계미자가 만들어졌어요. 그런데 계미자는 책을 찍을 때 활자가 삐뚤어지는 단점이 있어서 하루에 2~3장 정도만 인쇄할 수 있었어요.

★**계미자** 구리 활자로, 1403년이 계미년이라 이런 이름이 붙었어요.

조선의 과학 기술을 발전시킨 장영실

세종은 장영실과 이천에게 이런 문제를 해결할 새로운 활자를 만들라고 명령했어요. 그들은 함께 연구한 끝에 갑인자라는 금속 활자를 만들었어요. 갑인자는 책을 찍을 때 활자가 서로 맞물리게 만들어져 글자가 반듯하게 찍혀 나왔어요. 또 활자 수가 무려 20여 만 자나 되었고, 하루에 40여 장을 인쇄할 수 있었답니다. 이 활자 역시 장영실처럼 최고의 기술자가 없었다면 쉽게 만들어지지 못했겠지요.

★갑인자 1434년 갑인년에 만들어진 구리 활자예요.

나랏일에 쓰일 악기를 만들었어요

조선 시대에는 나라에서 행사를 할 때 악기가 꼭 필요했어요. 종묘에서 제사를 지낼 때 음악 연주는 빼놓을 수 없었지요. 이를 '종묘 제례악'이라고 해요. 종묘 제례악에 쓰이는 악기 종류는 매우 다양한데, 세종 때에는 무려 40여 종류나 만들어졌다고 해요. 그중에서 가장 중요한 악기는 편경이에요. 모든 악기의 음을 맞출 때 기준이 되었거든요. 장영실은 박연과 함께 편경을 만들었어요.

조선의 과학 기술을 발전시킨 장영실

장영실은 편종도 만들었어요. 중국에서 가져다 쓰던 편종은 음의 높낮이에 따라 크기가 달랐어요. 그런데 우리나라에서 만든 것은 크기가 똑같아요. 대신 두께를 다르게 만들었어요. 장영실은 금속을 잘 다루었기 때문에 이런 악기도 척척 만들어 낼 수 있었답니다.

비의 양을 재는 기구를 만들었어요

조선 시대에는 비가 많이 오면 청계천 물이 넘쳐 큰 피해를 입었어요. 장영실은 곰곰이 생각한 끝에 눈금이 그려진 나무 막대를 만들었어요. 이것을 청계천에 꽂아 물의 높이를 잴 수 있도록 했어요. 이를 '수표'라고 해요. 나무로 만든 수표는 물에 오래 있으면 썩어 못 쓰게 돼요. 그러자 장영실은 돌로 된 수표를 만들었어요. 이 수표는 현재 세종 대왕 기념관에 가면 볼 수 있답니다.

한편, 세자였던 문종은 원통 모양의 그릇을 만들어 비의 양을 재는 방법을 생각해 냈어요. 바로 '측우기'이지요. 문종이 생각해 낸 측우기를 실제로 만들어 낸 사람은 장영실이에요. 이전까지는 비가 오면 땅을 파서 그 속에 스며든 물의 양을 측정했는데, 이제는 간단한 방법으로 비의 양을 측정할 수 있게 된 것이지요. 측우기는 우리나라가 세계에서 가장 먼저 만들었어요.

벼슬을 그만두게 되었어요

세종의 아낌없는 지원 속에 높은 벼슬을 하며 재능을 펼치던 장영실에게 큰일이 생겼어요. 세종은 피부병을 치료하기 위해 온천을 자주 갔어요. 장영실은 그런 세종을 위해 가마 만드는 일을 감독했는데, 그만 가마가 부서져 버렸어요. 세종은 크게 다치지 않아서 장영실의 벼슬을 낮추는 것으로 일을 마무리 지으려 했지요. 그러나 신하들은 장영실에게 엄한 벌을 내려야 한다고 주장했어요.

세종은 할 수 없이 장영실에게 곤장* 80대의 벌을 내리고 벼슬에서 물러나도록 했어요. 그 후 장영실이 어디서 어떻게 살았는지 알 수 없어요. 노비 출신으로 세종 때 과학 기술 발전에 큰 공을 세웠던 장영실은 우리 역사에서 자취를 감추고 말았지요. 훗날 조선의 한 학자는 세종 때의 여러 기술자 중 장영실을 최고로 꼽았다고 해요. 장영실은 신분의 한계를 뛰어넘어 눈부신 성과를 이뤄 낸 조선 최고의 과학자라고 할 수 있지요.

★**곤장** 옛날에 죄인들을 벌줄 때 볼기와 허벅다리를 때리는 넓적한 막대기예요.

한걸음 더

장영실이 만든 과학 기기를 보러 갈까요?

장영실이 만든 여러 가지 과학 기구 중 첫 번째로 손꼽히는 것은 무엇일까요? 아마도 조선의 표준 시계가 된 자격루가 아닐까요? 자격루의 실제 모습은 덕수궁에 가면 볼 수 있어요. 그런데 한 가지 아쉬운 점이 있어요. 덕수궁에 있는 자격루는 장영실이 만들었던 완벽한 모습이 아니에요. 조선의 제11대 왕인 중종 때 다시 만들어진 것인데, 자격루의 일부 모습만 남아 있어요.

덕수궁 자격루

덕수궁
위치 서울 중구 세종대로 99 덕수궁
전화 02-771-9951
관람료 어린이 무료
홈페이지 http://www.deoksugung.go.kr

전국 곳곳에 내 발명품들이 숨 쉬고 있단다.

자격루가 어떻게 움직였는지 알고 싶다면 장영실 과학관을 가는 것도 좋은 방법이에요. 장영실 과학관은 충청남도 아산에 있어요. 그곳에 가면 앙부일구의 원리도 살펴볼 수 있지요. 그 옆에는 장영실이 세종에게 바쳤던 옥루의 모습도 볼 수 있어요. 부산에서도 장영실이 만든 과학 기기의 모형을 볼 수 있어요. 장영실이 어린 시절을 보낸 동래구에 장영실을 기리기 위해 '장영실 과학 동산'이 만들어졌거든요.

장영실 과학관
위치 충남 아산시 실옥로 222
전화 041-903-5594
관람료 어린이·청소년 1,500원
홈페이지 http://www.jyssm.co.kr

장영실 과학관

장영실 과학 동산
위치 부산 동래구 동래역사관길 18 동래읍성역사관
전화 051-550-4488
관람료 무료

장영실 과학 동산

우리나라 의학서 중에 중국과 일본 사람들이 무척 갖고 싶어 한 책이 있어요. 바로 허준이 쓴 〈동의보감〉이에요. 외국 사신들이 너도나도 탐낸 〈동의보감〉은 현재까지도 많은 사람이 손꼽는 최고의 의학서예요. 유네스코도 〈동의보감〉의 가치를 인정하여 2009년 세계 기록 유산으로 등재하였지요. 지금부터 허준이 어떻게 살아왔고, 그가 쓴 〈동의보감〉은 어떤 책인지 살펴보아요.

〈동의보감〉을 쓴 조선 최고의 명의, 허준

꿈을 위해 열심히 공부하다

공부하기를 좋아했던 어린 시절

"서자 주제에 무슨 공부를 한다고 그래. 저리 비켜!"

허준은 서당에서 친구들에게 차별을 받았어요. 서자로 태어났기 때문이지요. 허준의 집안은 대대로 높은 벼슬을 지낸 양반 가문이었어요. 허준의 아버지도 무과에 합격하여 평안도, 함경도, 전라도 등지에서 지방관을 지냈어요.

★서자 조선 시대에 원래 부인이 아닌 다른 부인이 낳은 아들을 말해요.

〈동의보감〉을 쓴 조선 최고의 명의, 허준

양반 가문 출신이었지만 허준은 양반 대우를 받지 못했어요. 신분 제도가 엄격한 조선 시대에는 어쩔 수 없는 일이었지요. 허준은 비록 서자였지만 집안에서는 크게 차별받지 않았어요. 명문가 출신답게 좋은 교육을 받으며 글공부도 계속할 수 있었지요. 이런 환경은 훗날 허준이 의학서를 낼 수 있는 바탕이 되었어요.

의원이 되기로 결심했어요

허준이 열다섯 살 무렵 전국 방방곡곡에 전염병이 돌아 많은 사람이 죽었어요. 허준의 외갓집이 있는 전라도 지역에도 큰 피해가 있었어요. 허준의 어머니는 친척들이 매우 걱정됐어요. 허준은 어떻게 하면 전염병으로 죽어 가는 사람들을 구할 수 있을지 고민하다가 사람을 살리는 의원이 되기로 결심했어요.

허준은 곧 자신의 결심을 부모님께 말씀드렸어요. 그러자 뜻밖의 이야기를 듣게 되었어요. 조상 중에 태종 때 의녀★ 제도를 건의한 사람과 세종 때 의학서를 펴낸 사람이 있다는 거예요. 허준은 이 이야기를 듣고 용기를 얻었어요. 그리고 의원이 되기 위해 열심히 공부해야겠다고 생각했지요.

★**의녀** 조선 시대에 활동한 여자 의원으로, 주로 부녀자들을 치료했어요.

〈동의보감〉을 쓴 조선 최고의 명의, 허준

유희춘의 조언을 받았어요

허준은 유희춘을 자주 찾아갔어요. 유희춘은 훗날 성균관 대사성까지 할 정도로 학문이 깊었어요. 성균관 대사성은 오늘날로 치면 국립 대학의 총장이라 할 수 있지요. 유희춘은 허준의 외가와 잘 아는 사이였어요. 의원이 되기로 결심한 허준에게 여러 가지 필요한 이야기를 해 줄 수 있는 인물이었지요.

허준은 유희춘에게 사람을 살리는 의원이 되고 싶다고 했어요. 그리고 어떻게 하면 의원이 될 수 있는지 물었지요.

"무엇보다도 글공부를 열심히 해야 하네. 의학 관련 책은 모두 한자로 되어 있거든. 그리고 유학★도 중요하지만 도교와 불교 등을 두루두루 공부하는 것도 중요하다네."

허준은 유희춘의 말대로 의술 공부뿐만 아니라 글공부도 열심히 했어요.

★**유학** 중국 공자의 가르침을 근본으로 하는 학문이에요.

약재를 연구했어요

허준은 이후 좋은 스승을 만나 한의학의 기본을 차근차근 배워 나갔어요. 진맥을 하고 침을 놓는 방법, 한약재를 만들고 사용하는 방법도 익히게 되었지요. 그 과정에서 비싼 중국산 한약재 대신 우리나라에서 구할 수 있는 좋은 약재가 많다는 사실을 알게 되었어요. 그런데 백성들은 평소에 쓰는 약재의 이름과 한자로 된 이름이 서로 달라서 우리나라 약재를 쉽게 사용하지 못하고 있었어요.

★**진맥** 병을 알아보기 위해 손목의 맥을 짚는 것을 말해요.

〈동의보감〉을 쓴 조선 최고의 명의, 허준

허준은 우리나라에서 나는 약초에 대해 더 연구해야겠다고 생각했어요. 그래서 세종 때 우리나라 약초를 연구하여 만들어진 〈향약집성방〉을 구해 읽었어요. 또 틈나는 대로 산과 들로 나가 중국의 한약재 대신 쓸 수 있는 우리나라의 약초를 찾아다녔답니다.

의술을 널리 펼쳤어요

어느 날 허준을 다급하게 찾는 사람이 있었어요.
"저희 대감마님이 많이 아프십니다. 의원님을 속히 모셔 오라고 하셨어요."
급하게 찾는 사람은 다름 아닌 유희춘이었어요. 그는 얼굴에 종기가 나서 통통 부어 있는 상태였어요. 허준은 부기가 가라앉도록 지렁이즙을 얼굴에 바르라고 했어요. 며칠 뒤 부기가 빠지고 유희춘은 씻은 듯이 나았어요.

〈동의보감〉을 쓴 조선 최고의 명의, 허준

이후 허준은 유희춘 집을 자주 방문하며 친하게 지냈어요. 궁중의 약재를 관리한 경험이 있던 유희춘과는 이야기가 잘 통했어요. 허준은 동생이 중국에 다녀오면서 사 온 책을 유희춘에게 선물하기도 했지요. 또 유희춘의 소개로 전라도 이곳저곳을 다니며 그의 친구와 친척 들의 병을 치료해 주며 의술을 펼쳤어요.

궁궐 의원이 되었어요

유희춘은 의술 실력이 뛰어난 허준을 내의원 의원으로 추천했어요. 내의원은 왕실 가족을 치료하거나 약재를 담당하는 관청이어서 아무나 들어갈 수 있는 곳이 아니에요. 의원들 중에서도 최고의 의술을 가진 사람들이 모인 곳이지요. 이런 내의원에서 일하게 된 허준은 꿈만 같았어요. 내의원에는 여러 가지 의학서가 가득하여 마음껏 공부할 수 있었거든요.

게다가 조선에서 이름난 의원들은 다 모여 있어 새로운 의술을 배울 수 있었어요. 당시 내의원에서 가장 이름난 양예수는 중국 약재를 사용하는 다른 의원들과는 달리 우리나라에서 나는 인삼을 주로 사용했어요. 허준은 우리나라 약재를 사용하는 점이 마음에 들었어요. 그래서 양예수를 스승으로 모시며 내의원에서 충실하게 경험을 쌓아 갔지요.

첫 번째 의학서를 썼어요

허준이 내의원에서 처음 맡은 일은 한약재를 정리하는 것이었어요. 허준은 이 일을 하면서도 틈틈이 의학서를 보며 공부했어요. 허준의 의학 지식은 점점 깊어졌고, 의술도 인정받아 선조 임금을 직접 진료하게 되었어요. 선조는 어릴 때 몸이 약해 의학에 관심이 많아서 여러 책을 읽어 의학 지식이 높았어요. 이런 선조 임금이 허준의 의학 수준을 한눈에 알아본 셈이지요.

〈동의보감〉을 쓴 조선 최고의 명의, 허준

선조는 허준에게 진맥하는 방법을 정리한 중국 의학서를 새롭게 써 보라고 했어요. 이 책은 의원이라면 누구나 꼭 봐야 하는 것인데, 틀린 부분이 많았어요. 임금의 명을 받은 허준은 틀린 부분을 꼼꼼하게 고쳐 새롭게 책을 펴냈어요. 이후 많은 사람이 이 책을 읽으면서 의원이 되는 공부를 했답니다.

광해군의 병을 고쳤어요

허준에 대한 선조의 믿음은 날이 갈수록 더욱 깊어졌어요. 그래서 왕자들이 병들면 허준이 도맡아 진료하다시피 했지요. 그러던 중 왕실에 큰 걱정거리가 생겼어요. 광해군이 두창(천연두)이라는 병에 걸린 거예요. 두창은 '마마'라고도 불렸는데, 한 번 걸리면 많은 사람이 죽는 무서운 병이었지요. 그래서 조선 시대 사람들은 마마에 걸리면 치료하기보다는 마마신이 스스로 물러나기를 바라며 제사를 지냈답니다.

〈동의보감〉을 쓴 조선 최고의 명의, 허준

이 사실을 잘 알고 있던 내의원 의원들은 광해군의 치료를 꺼렸어요. 그래서 허준이 이 일을 맡게 되었어요. 허준은 광해군의 열을 내리기 위해 침을 놓고 약초를 우려낸 물을 몸에 발랐어요. 며칠 뒤 광해군의 병은 말끔히 나았어요. 선조는 몹시 기뻐하며 허준에게 높은 벼슬을 내렸지요.

조선 시대 백성들을 위한 의료 기관

선조 임금과 광해군이 병을 고칠 수 있었던 것은 궁궐에 내의원이 있었기 때문이에요. 그렇다면 조선 시대에 일반 백성을 위한 의료 기관에는 무엇이 있었을까요? 광해군이 걸린 두창과 같은 전염병이 유행할 때, 백성을 치료하던 곳으로 '활인서'가 있었어요. 활인서는 동소문과 서소문 밖에 두 군데가 있어서 이를 묶어 '동서 활인서'라고도 불렀어요. 옥에 갇힌 사람들이 병이 들면 이곳으로 보내 치료하기도 했지요.

한편, 조선 시대에는 유교의 영향으로 부녀자들을 치료하는 여자 의원도 있었어요. 바로 '의녀'이지요. 의녀 교육을 담당한 제생원에서는 가난한 사람들을 치료해 주는 일도 했어요. 이외에 치료뿐만 아니라 약을 주는 혜민서도 있답니다. 조선 제7대 임금인 세조 때에 제생원과 혜민서를 합쳐 운영하면서 혜민서에서 의녀 교육도 담당했다고 해요.

임진왜란 때 활약하다

전쟁이 일어났어요

1592년 임진왜란이 일어났어요. 조총으로 무장한 일본군은 단숨에 부산을 거쳐 한양 도성을 향해 돌진해 왔어요. 조선은 평화로운 날이 지속되면서 미처 전쟁에 대한 대비를 하지 못했지요. 선조 임금은 어쩔 수 없이 한양을 버리고 평양성을 거쳐 의주까지 피란을 가게 되었어요. 허준도 선조 임금과 함께 의주로 향했지요.

〈동의보감〉을 쓴 조선 최고의 명의, 허준

선조 임금을 따라 의주까지 함께 간 신하들은 몇 명 안 되었어요. 의원 중에는 양예수와 허준 두 사람만이 선조 임금을 따라나섰어요. 내의원 총책임자인 양예수는 나이가 많아 사람들을 돌볼 기력이 없었어요. 그래서 허준 혼자서 왕을 비롯한 여러 사람의 치료를 도맡으며 힘든 피란살이를 이어 갔지요.

의학서를 펴내라는 명을 받았어요

임진왜란 초기에 전세가 밀렸던 조선은 점차 힘을 되찾았어요. 이순신의 수군과 의병들의 활약 덕분이었지요. 선조 임금은 피란 간 지 2년 만에 한양으로 다시 돌아왔어요. 그러던 어느 날 선조 임금이 허준을 불렀어요.

"과인은 피란길에서 수많은 백성이 전염병으로 고생하는 모습을 보았소. 이들을 위해 꼭 필요한 의학서를 펴내도록 하시오."

《동의보감》을 쓴 조선 최고의 명의, 허준

허준은 내의원 의원 몇몇을 모아 책 만들 준비를 했어요. 그러던 중 책 편찬 사업이 중단되었어요. 1597년, 일본이 또다시 조선을 침략한 '정유재란'이 일어났거든요. 의원들은 뿔뿔이 흩어졌어요. 전쟁이 끝난 뒤 허준은 혼자 힘으로 의학서를 편찬할 수밖에 없었어요. 선조 임금은 500여 권의 책을 주며 중국 의학서보다 더 좋은 책을 만들라고 명했어요.

내의원 최고 책임자가 되었어요

허준은 선조 임금의 명을 받들어 의학서 편찬에 힘썼어요. 그러던 어느 날 내의원 최고 책임자이자 스승이었던 양예수가 숨을 거두었어요. 허준은 양예수에 이어 내의원 최고 책임자로 임명되었어요. 그때 그의 나이는 62세였답니다. 허준은 왕실 사람을 돌보는 것 외에도 일반 백성을 위해 여러 가지 의학서를 썼어요.

〈동의보감〉을 쓴 조선 최고의 명의, 허준

허준은 백성들이 쉽게 읽을 수 있도록 한글로 책을 썼어요. 덕분에 한문을 모르는 사람들도 그가 쓴 의학서를 보며 치료법을 알게 되었지요. 책 중에는 위급한 상황에서 의원의 진료를 받지 않고도 스스로 치료할 수 있는 법을 알려 주는 책도 있었어요. 또 천연두에 걸린 사람, 임산부를 위한 책도 있었지요. 허준이 쓴 책은 백성들에게 꼭 필요한 것이었어요.

<동의보감>을 완성하다

귀양살이를 가게 되었어요

임진왜란이 끝난 뒤 1604년, 선조는 자신을 따라 의주까지 갔던 신하들을 공신★으로 삼았어요. 허준도 공신으로 인정받아 1606년에는 의원으로서 최고 지위의 관직을 얻었어요. 선조 임금의 병을 침술로 낫게 한 공로를 인정받은 것이지요.

"허준이 그렇게 높은 벼슬을 하다니 있을 수 없는 일입니다."

"허준에게 내린 관직을 거두어 주십시오."

★**공신** 나라를 위해 특별한 공을 세운 신하를 가리켜요.

제가 처방한 약에는 문제가 없습니다. 유배라니 억울하옵니다.

《동의보감》을 쓴 조선 최고의 명의, 허준

서자 출신의 허준이 내의원 최고의 벼슬자리에 오르자 신하들의 반대가 아주 심했어요. 선조 임금은 하는 수 없이 허준에게 내려 준 관직을 거둘 수밖에 없었지요.
그러던 중 1608년 선조 임금이 세상을 떠나자, 신하들은 허준이 약을 잘못 쓴 탓이라며 그에게 벌을 주고 귀양 보낼 것을 주장했어요.

〈동의보감〉을 썼어요

선조에 이어 조선 제15대 왕이 된 광해군은 허준을 귀양 보내고 싶지 않았어요. 그동안 내의원 어의로서 공로가 컸을 뿐만 아니라 귀양 보내기에는 허준의 나이가 70세로 너무 많았거든요. 그러나 신하들의 끈질긴 주장에 못 이겨 어쩔 수 없이 귀양을 보냈어요. 귀양살이를 하게 된 허준은 실망하지 않고 틈틈이 써 오던 의학서를 완성하기 위해 노력했어요.

《동의보감》을 쓴 조선 최고의 명의, 허준

그러던 중 1년여 만에 귀양살이에서 풀려나게 되었어요. 귀양에서 돌아온 허준은 책을 쓴 지 14년 만에 《동의보감》이라는 의학서를 완성했어요. '동의'란 중국의 의학과 구별되는 우리나라의 의학을 부르는 이름이에요. 즉 《동의보감》은 '우리나라의 보물같이 귀중한 의학서'라는 뜻이지요. 허준은 완성된 《동의보감》을 광해군에게 바쳤어요. 광해군은 크게 기뻐하며 허준에게 말 한 필을 상으로 내렸어요.

중국과 일본에도 알려진 〈동의보감〉

허준이 쓴 〈동의보감〉은 곧 금속 활자로 찍혀 세상에 널리 읽혔어요. 덕분에 많은 백성이 이 책을 보고 병을 고칠 수 있었지요. 〈동의보감〉은 우리나라뿐만 아니라 중국과 일본에도 전해졌어요. 두 나라에서 인정받은 〈동의보감〉은 중국에서는 약 30여 차례, 일본에서도 두 차례에 걸쳐 찍혀 나왔답니다.

〈동의보감〉을 쓴 조선 최고의 명의, 허준

〈동의보감〉이 편찬된 지 3년 뒤인 1613년, 나라 곳곳에서 전염병이 유행했어요. 전염병으로 많은 사람이 죽자 허준은 전염병을 예방하는 방법과 치료법을 담은 책을 펴내다 77세의 나이로 세상을 떠나고 말았어요. 허준은 〈동의보감〉을 편찬하여 수많은 생명을 살린 조선 최고의 명의랍니다.

허준 박물관을 찾아서

허준은 1539년 경기도 양천현에서 태어났어요. 그곳은 오늘날 서울시 강서구 일대로, 허준의 이름을 딴 도로인 '허준로'가 있답니다. 허준로에 가면 허준의 업적과 한의학에 대해 알 수 있는 허준 박물관이 있어요. 박물관에는 허준이 일했던 내의원의 모습과 다양한 한의약 기구를 볼 수 있어요. 그중에 '약연'이라는 기구가 있는데, 막대기를 잡고 앞뒤로 밀면 바퀴가 돌아가면서 말린 한약재를 빻는 기구예요.

> 이렇게 약재를 빻아 치료하는 데 썼구나.

허준 박물관 옥상에 있는 '약초원'도 한번 둘러보세요. 약초원에는 약 120종류의 약초가 심겨 있어 실제 약초의 모습을 살펴볼 수 있답니다. 박물관 건너편에 있는 '허준 테마 거리'에서는 〈동의보감〉을 집필한 이야기와 허준 동상도 볼 수 있지요.

허준 박물관
위치 서울 강서구 허준로 87
전화 02-3661-8686
관람료 어린이·청소년 500원
홈페이지 http://www.heojun.seoul.kr

임진왜란이 끝나고 얼마 되지 않아 중국에선 청나라가 세워졌어요. 그런데 조선은 명나라를 큰 나라로 섬긴 것과는 달리 청나라는 무시했어요. 오랑캐라고 여긴 만주족이 세운 나라이기 때문이지요. 하지만 차츰 청나라의 문물을 받아들여야 한다는 사람도 생겼어요. 대표적인 사람이 박지원이에요. 박지원은 왜 청나라의 문물을 받아들여야 한다고 했을까요? 지금부터 박지원의 삶과 그의 주장에 대해 살펴보아요.

청의 문물을 받아들일 것을 주장한 박지원

소설을 써서 조선의 문제점을 알리다

할아버지의 보살핌 속에서 자랐어요

박지원은 영조 임금 때인 1737년 한양 근처에서 태어났어요. 박지원의 집안은 조상 대대로 높은 벼슬을 한 이름난 가문이었어요. 특히 할아버지는 당시 조선의 정치를 주도하는 노론에서 알아주는 인물이었어요. 그런데 재물에는 관심을 두지 않아서 박지원의 집안은 큰 부자는 아니었어요.

청의 문물을 받아들일 것을 주장한 박지원

할아버지의 보살핌 속에서 자란 박지원은 어릴 때부터 기억력이 매우 뛰어났어요. 그가 네 살 되던 때 경기 감찰사인 할아버지를 따라 경기 감영을 구경하러 간 적이 있었어요. 박지원은 한 번 다녀온 경기 감영의 건물 칸수를 모두 기억해서 말했다고 해요.

★**경기 감영** 오늘날 경기도청과 같은 역할을 하던 조선 시대 관청이에요.

좋은 스승과 벗을 만났어요

박지원은 할아버지에게 글을 배웠어요. 장가를 간 뒤에는 장인어른에게 학문을 배웠지요. 장인은 〈맹자〉를 가르쳤어요. 그는 박지원의 수준이 높다는 것을 알게 되었어요.

"자네는 나보다 내 아우에게 배우는 것이 좋을 듯하네. 내 아우는 문장을 아주 잘 쓴다네."

이후 박지원은 장인의 아우를 스승으로 모시고 역사와 문학을 공부했어요.

청의 문물을 받아들일 것을 주장한 박지원

당신은 내 평생 벗입니다.

나야말로 깊은 학문을 나눌 수 있는 자네가 있어 행복하다네!

박지원은 19세가 되던 해 평생의 벗을 만나게 돼요. 바로 홍대용이지요. 홍대용은 박지원보다 여섯 살이 많았지만 학문을 나누는 둘 사이에 나이는 큰 문제가 되지 않았어요. 둘은 서로를 믿고 응원해 주었어요. 박지원은 홍대용이 청에 다녀온 후 청나라 사람들과 대화를 나눈 내용을 정리한 책을 쓰자, 그 책에 머리글을 써 주었어요. 그 글에는 청을 오랑캐라 업신여기며 무조건 멀리하는 사람들을 비판하는 내용이 담겨 있어요. 홍대용도 박지원이 〈열하일기〉를 쓸 때 필요한 물건을 보내 주었어요.

우리처럼 친한가 보네.

소설로 양반 사회를 풍자했어요

박지원은 글솜씨가 무척 뛰어났어요. 그는 글재주를 살려 18세에 처음으로 소설을 썼어요. 30세가 될 무렵까지 여러 편의 소설을 썼답니다. 그중에는 박지원이 직접 만나거나 이야기를 들은 사람을 주인공으로 쓴 소설도 있어요. 박지원이 쓴 소설 중 가장 많이 알려진 것은 〈양반전〉이에요.

청의 문물을 받아들일 것을 주장한 박지원

〈양반전〉은 돈을 주고 양반의 신분을 산 부자의 이야기를 쓴 거예요. 소설 속 부자는 진짜 양반이 되기 위해 양반이 지켜야 할 일들을 배웠어요. 양반이 되려면 여러 가지 형식적인 예의를 지켜야만 했지요. 하지만 양반이 갖는 특혜가 다른 사람들을 괴롭히는 일이라는 것을 깨닫고 양반 되기를 포기한다는 내용이에요. 박지원은 〈양반전〉을 통해 당시 양반 사회의 문제점을 널리 알리고 싶었던 것 같아요.

나 양반 안 할래

양반이 곶감보다 무서운가 보다.

과거 합격에 뜻을 두지 않았어요

젊은 시절 박지원은 다른 양반집 자제들과 마찬가지로 과거를 준비했어요. 20세가 되던 해에는 친구들과 함께 북한산에 있는 절에 가서 공부를 했어요. 마음에 병이 나서 고생을 했지만, 다시 마음을 잡고 열심히 책을 읽으며 공부했지요. 그런데 막상 과거를 볼 때 그는 답안지에 오래된 나무 그림만 잔뜩 그려 넣고 나왔어요. 아마도 이때부터 과거에 합격하는 것에 관심이 없었던 것 같아요. 하지만 할아버지가 돌아가신 후 집안 형편이 어려워지자 박지원은 과거를 몇 차례 더 보았어요. 29세에 본 1차 과거 시험에서는 장원을 했어요. 하지만 2차 시험에는 빈 답안을 제출했답니다. 그러고는 더 이상 과거 합격에 관심을 두지 않고 자신이 좋아하는 책을 읽거나 친구들과 함께 시나 문장을 쓰며 지냈어요.

북학파를 이끌다

백탑파 모임이 생겼어요

박지원은 32세가 되던 해, 한양의 백탑 근처로 가서 살게 되었어요. 백탑은 조선의 제7대 왕인 세조 때 만들어진 원각사의 하얀 탑을 말해요. 박지원이 이곳으로 이사를 갈 무렵에는 원각사 건물이 거의 사라지고 탑만 남아 있었어요. 탑은 멀리서 보면 하얀 대나무가 솟아난 듯 보였다고 해요. 그래서 이 동네를 '탑골'이라고 불렀어요. 박지원이 이사를 온 후, 그가 학문 수준이 높고 문장을 잘 쓴다는 소문이 탑골에 퍼졌어요. 얼마 뒤 박지원과 학문을 나누고 싶어 하는 사람들이 찾아왔어요.

청의 문물을 받아들일 것을 주장한 박지원

양반뿐만 아니라 차별을 받는 서얼* 출신도 있었어요. 그들은 모여서 시를 짓기도 하고 세상의 문제점에 대해 이야기를 나누었어요. 이들을 '백탑파'라고 불렀어요.

★**서얼** 아버지는 양반이지만 어머니가 정식 부인이 아닌 첩이어서 차별받던 사람들을 말해요.

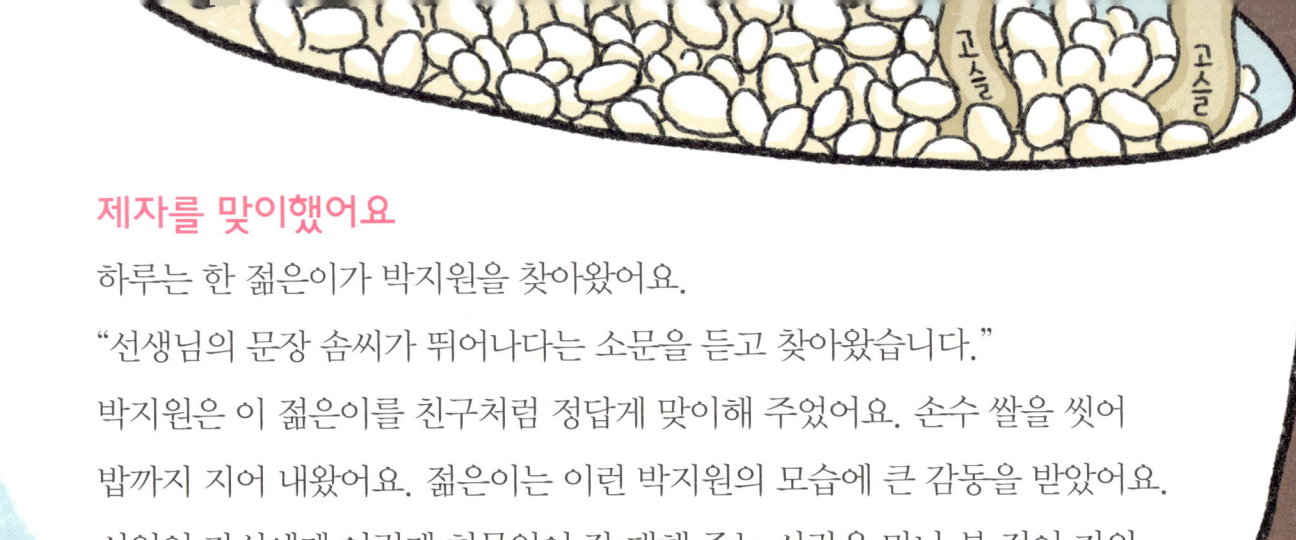

제자를 맞이했어요

하루는 한 젊은이가 박지원을 찾아왔어요.

"선생님의 문장 솜씨가 뛰어나다는 소문을 듣고 찾아왔습니다."

박지원은 이 젊은이를 친구처럼 정답게 맞이해 주었어요. 손수 쌀을 씻어 밥까지 지어 내왔어요. 젊은이는 이런 박지원의 모습에 큰 감동을 받았어요. 서얼인 자신에게 이렇게 허물없이 잘 대해 주는 사람을 만나 본 적이 거의 없었기 때문이지요.

청의 문물을 받아들일 것을 주장한 박지원

이 젊은이가 바로 박제가예요. 훗날 청에 다녀와 〈북학의〉를 썼지요. 박제가는 박지원의 제자가 되어 그의 집을 수시로 드나들며 학문을 익혔어요. 박지원과 뜻을 같이하는 백탑파가 된 것이지요. 박제가는 백탑파 사람들과 함께하는 것을 정말 좋아했어요. 백탑파 사람들은 모여서 시도 짓고 세상 돌아가는 이야기에 시간 가는 줄을 몰랐지요.

★북학의 청나라의 풍속과 제도를 살펴보고 의견을 붙여 쓴 책이에요.

북학파가 만들어졌어요

박지원의 제자는 박제가 이외에도 유득공, 이덕무 등이 있어요. 이들은 모두 서얼 출신으로 차별로 인한 어려움을 겪은 사람들이지요. 박지원은 평소 신분 제도를 비판했어요. 서얼에게도 능력에 따라 벼슬을 할 수 있는 기회를 주어야 한다고 주장했어요. 박지원의 주장은 정조 때 받아들여졌어요. 정조는 젊고 능력 있는 인재인 유득공, 박제가, 이덕무 등을 규장각 관리로 뽑았어요. 이들과 함께 나랏일을 의논하고 조선의 개혁을 위한 꿈을 키워 갔어요.

청의 문물을 받아들일 것을 주장한 박지원

이들이 북학파의 중심이 되었어요. 대부분 청에 다녀온 경험이 있었던 북학파는 청의 문물을 받아들여야 한다고 생각했어요. 그들은 청의 발달된 문물을 직접 보고 경험했거든요. 하지만 당시 많은 양반이 청을 오랑캐로 여기며 병자호란*의 치욕을 잊지 않고 있었어요.

★병자호란 1636년에 청나라가 조선을 침략한 사건이에요.

한걸음 더
북학파의 대표적인 인물은 누구일까요?

북학파는 상공업의 발전을 중요하게 여겼어요. 청나라처럼 수레와 배를 적극적으로 사용하고 상공업을 발전시켜야 한다고 생각했지요. 이런 북학파의 대표적인 사람이 박지원, 박제가, 홍대용이에요.

홍대용은 사신으로 가는 작은아버지를 따라 청에 갔어요. 그곳에서 두 달 정도 머물면서 청의 학자들과 서양 선교사들을 만나 발달된 문물을 받아들일 수 있었지요. 그는 지구가 둥글고 하루에 한 번씩 스스로 돌아 밤과 낮이 생긴다는 '지전설'을 주장하기도 했어요.

박제가는 청을 네 번이나 다녀왔어요. 그는 상공업이 발전하려면 소비를 해야 한다고 주장했어요. 예를 들어 우물물을 계속 퍼내어 사용하지 않으면 우물물이 썩거나 말라 버리듯이, 소비를 하지 않으면 생산을 하려는 의욕이 사라져 상공업이 발전하지 않는다는 것이에요. 북학파의 이런 생각은 후에 근대 문물을 받아들이자는 개화사상에 영향을 주었답니다.

홍국영을 피해 연암골에 살았어요

박지원이 42세가 될 무렵, 정조가 영조에 이어 조선의 제22대 왕이 되었어요. 그런데 박지원에게 뜻밖의 일이 생겼어요. 정조의 신임을 얻어 최고의 권력을 누리던 홍국영이 박지원을 못마땅해한다는 이야기가 들려왔거든요. 많은 사람이 박지원을 따르는 것이 거슬렸던 것이지요.

"홍국영의 눈을 피하려면 한양을 떠나 있는 것이 좋을 듯하네."

청의 문물을 받아들일 것을 주장한 박지원

"전에 우리와 함께 여행하면서 가 보았던 개성 주변의 연암골이 어떤가?" 어디로 갈지 고민하던 박지원은 친구들의 조언에 따라 연암골에 가서 살았어요. 그는 자신의 호를 '연암'이라고 지었어요. 박지원은 손수 뽕나무를 심고 농사도 지었어요. 그 후 홍국영이 벼슬에서 물러나자 다시 한양으로 돌아왔어요.

청나라를 여행하다

친척 형을 따라 청나라에 갔어요

한양으로 다시 돌아온 박지원은 이전처럼 백탑파 친구들과 모임을 가지려 했어요. 그러나 백탑파는 이전처럼 쉽게 모일 수가 없었어요. 벼슬살이에 바쁜 사람, 먹고살기에 바쁜 사람, 병들어 세상을 떠난 사람도 있었기 때문이지요. 그런데 벗들이 떠나간 곳에서 쓸쓸히 지내던 박지원에게 좋은 일이 생겼어요.

청의 문물을 받아들일 것을 주장한 박지원

"이번에 청나라 황제의 70세 생일 축하 사절단으로 베이징에 가게 되었네. 평소 자네가 청 문물에 관심이 많은 것을 잘 알고 있네. 이번 기회에 나의 수행원으로 함께 가지 않겠나?"
친척 형이 청나라에 사신으로 가면서 박지원에게 함께 가자고 한 거예요. 박지원은 무척 기뻤어요. 그간 홍대용을 비롯하여 박제가, 유득공, 이덕무처럼 청에 다녀온 사람이 부러웠거든요. 박지원은 여러 책을 읽으면서 청으로 갈 준비를 단단히 했어요. 그리고 1780년, 약 5개월 동안 청에 다녀왔어요.

청나라 수도, 베이징에 도착했어요

박지원 일행은 무더운 날씨에 압록강을 건너게 되었는데, 비가 많이 와서 10일 동안 건널 수가 없었어요. 청으로 가는 길은 그만큼 쉽지 않았지요. 압록강을 건넌 지 4일째 되던 날 국경에 있는 책문이란 곳에 도착했어요. 그곳의 모습을 본 박지원은 큰 충격을 받았어요. 집들이 반듯반듯한 벽돌로 잘 지어져 있었고, 도로에는 수레가 가득했거든요.

청의 문물을 받아들일 것을 주장한 박지원

'국경 옆 작은 고을도 이러한데 수도인 베이징은 어떨까?'
이런 기대감 속에 압록강을 건넌 지 39일째 되는 날, 드디어 청의 수도인 베이징에 도착했어요. 그런데 큰일이 발생했어요. 더위를 피해 여름 궁전이 있는 '열하'라는 곳에 가 있던 청나라의 황제가 조선 사신들에게 하루빨리 열하로 오라고 한 것이에요. 황제의 명령을 따라야 하는 조선 사절단은 열하로 갈 수밖에 없었지요.

만리장성을 넘어 열하까지 따라갔어요

박지원은 정식 사신이 아니기 때문에 열하까지 꼭 가지 않아도 되었어요. 그는 고민에 빠졌지요.

'나의 벗 홍대용이 했던 것처럼 그냥 베이징에 남아서 중국 사람들을 만나 교류하는 것이 좋을까? 아니야, 기왕에 여기까지 왔는데 열하를 가 보는 것도 좋을 것 같아.'

박지원은 사절단을 따라 베이징에서 만리장성을 넘어 열하까지 갔어요. 4일간 잠도 제대로 자지 못하고 하루에 강을 아홉 번이나 건너기도 했지요.

청의 문물을 받아들일 것을 주장한 박지원

황제는 더위를 타는 척하지만 실은 청의 국경을 지키러 열하에 오는구나!

고생 끝에 도착한 열하라는 곳은 박지원이 상상했던 것 이상의 모습이었어요. 황제의 생일을 축하하기 위해 여러 나라 사절단이 이미 도착해 있었어요. 황제는 1년에 절반 이상을 이곳에서 지낸다고 해요.
'청 황제가 열하에 오랜 기간 머무는 이유는 뭘까? 단지 더위를 피하기 위해서 온 게 아닐 거야. 황제 스스로 청의 국경을 지키기 위함이야.'
박지원은 청나라 황제의 의도를 정확히 꿰뚫어 보았지요.

〈열하일기〉는 사람들에게 인기가 아주 많았어요. 박지원이 뛰어난 글재주를 바탕으로 쉽고 재미있게 쓴 책이었거든요. 책을 읽고 싶은 사람들은 너도나도 책을 베꼈어요. 〈열하일기〉가 재미있다는 소문은 정조 임금의 귀에까지 들어갔어요. 이 책을 읽은 정조는 〈열하일기〉가 그동안 일반적으로 써 왔던 문장과 달리 너무 자유롭다고 비판하기도 했어요.

늦은 나이에 벼슬살이를 하다

관리가 되어 자신의 뜻을 펼쳤어요

박지원은 50세가 되어서야 벼슬살이를 하게 되었어요. 처음 일한 곳은 궁궐이나 관청의 건물을 만들거나 수리하는 곳이었어요.
그는 우리나라도 청나라처럼 벽돌로 건물을 만들어야 한다고 생각했어요. 때마침 궁궐의 한 건물을 수리할 일이 생겼어요. 이 건물은 활쏘기 대회를 열던 곳이었어요.

청의 문물을 받아들일 것을 주장한 박지원

"중국처럼 벽돌을 구워서 건물을 수리하는 것이 좋을 것 같습니다. 비용을 줄일 수 있을 뿐만 아니라 훨씬 더 튼튼하게 건물을 만들 수 있습니다."
궁궐의 건물을 수리할 때 박지원의 건의는 받아들여지지 않았어요. 그러나 훗날 수원 화성을 만들 때는 벽돌을 사용해 성을 지었답니다.

최초로 물레방아를 만들었어요

박지원이 한양에서만 벼슬살이를 한 것은 아니에요. 55세가 되던 해, 경상도 안의현 수령으로 가게 되었어요. 그곳에서 5년 동안 백성들을 잘 다스렸어요. 특히 자신이 청에서 배워 온 새로운 도구들을 직접 제작했어요. 가장 대표적인 것이 물레방아예요. 계곡의 흐르는 물을 이용하여 나무 바퀴를 돌려, 곡식을 찧어 껍질을 쉽게 벗길 수 있게 한 것이지요. 이외에도 박지원은 벽돌로 건물 짓기, 우물에 도르래를 다는 등 백성이 편하게 생활할 수 있도록 도왔어요.

청의 문물을 받아들일 것을 주장한 박지원

어느 해 흉년이 들어 안의현 백성들이 고통받았어요. 이때 박지원은 자신이 받은 녹봉을 굶주린 백성을 위해 사용했어요. 이렇듯 그는 백성을 위했던 진정한 관리였어요. 안의현 사람들은 모두 박지원을 존경했어요. 그래서 그의 공을 기리는 비석을 세우려 했지요. 그러나 박지원은 자신이 해야 할 일을 했을 뿐이라며 비석 세우는 것을 반대했다고 해요.

벼슬에서 물러나 한양에서 살았어요

박지원은 벼슬살이를 마치고 다시 한양으로 돌아와 경복궁 동쪽에 있는 북촌에 집을 짓고 살았어요. 어떤 방식으로 집을 지었는지 상상할 수 있나요? 맞아요. 벽돌로 집을 지었답니다. 박지원은 집의 이름을 '계산초당'이라 했어요. 그리고 그곳에서 제자들을 키워 냈어요.

연암 물레방아공원을 찾아서

박지원이 벼슬살이를 하던 안의현은 오늘날 경상남도 함양군 안의면이에요. 그곳에 가면 연암 물레방아공원을 볼 수 있어요. 우리나라에서 최초로 물레방아를 만든 박지원의 업적을 기리기 위해 만들어진 공원이에요. 청나라를 여행하던 박지원은 물레방아를 이용해 곡식을 쉽게 찧는 것을 보고 우리나라에도 물레방아를 만들어야겠다고 생각했어요. 그래서 자신이 수령으로 부임했던 안의현에 처음으로 물레방아를 만든 것이지요.

백성들의 필요를 헤아려 여러 가지를 발명한 연암을 만나러 가 볼까?

연암이 누구지?

공원에 들어서면 나무로 만든 커다란 물레방아가 있어요. 그런데 이 물레방아는 그 당시에 만든 것이 아니에요. 오늘날 새로 만든 것으로, 우리나라에 있는 것 중 가장 큰 물레방아라고 해요. 물레방아 이외에도 박지원의 동상과 그의 업적을 알 수 있는 비석도 있으니 찬찬히 둘러보며 백성을 사랑한 박지원의 마음을 느껴 보세요.

연암 물레방아공원
위치 경남 함양군 안의면 용추계곡로 361
관람료 무료

2012년에 우리나라 인물이 '유네스코 세계 기념인물'로 뽑혔어요. 그 사람은 바로 정약용이에요. 정약용은 백성들이 살기 좋은 나라를 만들려 했어요. 특히 나라의 지속 가능한 발전을 위해 노력한 점이 유네스코가 추구하는 가치와 맞아 선정되었어요. 정약용이 어떤 업적을 남겼기에 세계인이 기억할 만한 인물로 뽑혔을까요? 지금부터 정약용의 삶과 그가 한 일에 대해 살펴보아요.

배움을 즐겼던 정약용

아버지의 가르침을 받았어요

정약용은 1762년에 경기도 마재(지금의 남양주)에서 태어났어요. 당시 조선은 영조가 나라를 다스리고 있었어요. 그런데 정약용이 태어나기 한 달 전쯤 아주 불행한 일이 일어났어요. 영조의 아들 사도 세자가 뒤주★에 갇혀 죽음을 맞이했던 것이에요. 이 사건은 신하들이 무리를 지어 나라의 정치를 어지럽히고 서로 싸우는 과정에서 일어났어요. 사도 세자의 죽음을 안타까워했던 정약용의 아버지는 이 무렵 벼슬을 그만두고 고향에 내려와 있었어요.

★ **뒤주** 나무로 만든 것으로, 이곳에 쌀이나 곡식을 담아 두었어요.

실학의 체계를 완성한 정약용

덕분에 정약용은 어린 시절 아버지에게 공부를 배울 수 있었어요. 정약용은 공부를 무척 잘했다고 해요. 네 살 때 천자문을 모두 외울 정도였지요. 또 일곱 살 때 처음으로 시를 지었고, 열 살 무렵에는 자신이 쓴 시들을 모아 〈삼미자집〉이라는 시집을 펴냈어요. 〈삼미자집〉은 정약용의 별명인 '삼미자'에서 붙은 것이에요. '삼미자'는 눈썹이 셋인 아이란 뜻이에요. 정약용이 어렸을 때 천연두에 걸렸는데, 병이 나으면서 눈썹이 갈라져 생긴 별명이에요.

책 읽기를 좋아했어요

정약용은 어린 시절 어머니를 따라 전라도 해남에 있던 외갓집에 가는 것을 좋아했어요. 그곳에는 책이 무척 많아서 자신이 좋아하는 책을 마음껏 읽을 수 있었거든요. 여덟 살에 어머니가 돌아가신 후에도 어머니 생각이 나거나 책을 읽고 싶으면 외갓집에 자주 찾아갔어요. 한번은 소가 끄는 수레에 책을 가득 싣고 외갓집에 가는데 한 사람을 만났어요. 그 사람은 조선 후기의 학자, 이서구였어요.

실학의 체계를 완성한 정약용

"얼마 전에도 책을 가득 싣고 가더니 오늘은 또 어디로 가는 것인가?"

이서구는 얼마 전 정약용이 책을 싣고 가는 것을 보았는데, 또다시 그 모습을 보자 궁금하여 물어본 것이에요. 정약용은 책을 다 읽어서 돌려주러 간다고 말했어요. 그러나 믿을 수 없었던 이서구는 책 중에 어려운 것을 골라 무슨 내용인지 물어보았어요. 정약용은 질문에 막힘없이 대답을 했지요. 그 시절 정약용이 읽은 책은 이후 학문을 연구하는 데 밑거름이 되었어요.

다 읽고 돌려주러 가는 길입니다.

뭐라!

학자인 나보다 더 대단한 책벌레군.

현실에 도움이 되는 학문을 알게 되었어요

정약용이 열다섯 살이 될 무렵 영조 임금이 죽고 정조가 왕위에 올랐어요. 정조는 정약용의 아버지에게 벼슬을 주고 조정으로 불러들였어요. 정약용은 아버지를 따라 조정이 있는 한양에서 살게 되었지요. 이때 매형인 이승훈을 자주 찾아갔어요. 이승훈은 정약용이 공부하는 데 많은 도움을 주었어요. 정약용은 이승훈을 통해 당시 학문이 높기로 이름난 이가환을 만났어요.

"이 책을 한번 읽어 보게. 공부하는 데 많은 도움이 될 걸세."
이가환이 정약용에게 준 것은 그의 할아버지인 이익이 쓴 〈성호사설〉이라는 책이었어요. 이익은 현실에 도움이 되는 학문을 해야 한다고 주장했어요. 그러면서 백성들을 위해 토지 제도를 바꾸어야 한다고 했지요. 책을 읽은 정약용은 큰 충격을 받았어요. 이제까지 자신이 읽던 책들과 조금은 다른 내용이 담겨 있었거든요. 이익의 실학사상은 정약용의 학문에 새로운 방향을 열어 주었어요.

성균관에서 공부했어요

정약용은 스물두 살에 오늘날의 국립 대학인 성균관에서 공부하게 되었어요. 그곳에서 정조 임금을 처음 만났어요. 정조는 정약용 못지않게 학문을 좋아했어요. 그리고 성균관 학생들의 실력을 알아보기 위해 자주 시험을 치렀지요. 시험에서 1등을 한 사람에게는 상을 주었는데, 주로 책과 종이였어요. 이 상을 매번 받는 사람이 있었어요. 바로 정약용이에요.

실학의 체계를 완성한 정약용

짐이 너무 기대가 컸나 보오. 하하하!

"그대가 또 1등을 하였군. 그런데 이젠 더 이상 줄 책이 없군그래!"
정약용은 정조로부터 다양한 종류의 책을 받았어요. 그중에는 군사를 이끌고 전쟁에 나서는 장수가 꼭 읽어야 할 책도 있었어요. 정조가 이 책을 준 것은 아마도 정약용이 학문뿐만 아니라 무예도 잘하는 인재가 되기를 바라는 마음이었을 거예요.

이것은 마마의 깊은 뜻?

허나 어렵군….

천주교를 알게 되었어요

정약용이 성균관에서 공부한 지 얼마 되지 않아 큰형수가 세상을 떠났어요. 정약용은 큰형의 부인인 큰형수를 어머니처럼 생각했어요. 여덟 살 때 돌아가신 어머니를 대신해서 어린 정약용을 키워 주었거든요. 정약용은 제사를 지내고 돌아오는 배 안에서 천주교에 대해 처음 들었어요. 이야기를 해 준 사람은 형수의 동생이었지요.
"너무 슬퍼하지 마세요. 하늘나라에서 편안히 계실 거예요. 우리도 죽으면 하늘나라로 가게 될 거고요."

실학의 체계를 완성한 정약용

천주교 교리를 듣게 된 정약용은 천주교에 대해 좀 더 알고 싶었어요. 그래서 한양에 돌아온 후 천주교에 대한 책을 찾아 읽었지요. 천주교는 모든 사람이 평등하다는 교리를 갖고 있어, 당시 조선 사람들 중에도 믿는 사람이 점점 늘어나고 있었어요. 정약용과 그의 형제들도 점차 천주교를 믿게 되었지요. 그런데 얼마 되지 않아 정약용과 둘째 형 정약전은 천주교를 멀리했어요. 조상에게 제사 지내는 것을 금지했기 때문이에요.

★**교리** 종교에서 진리라고 믿는 생각을 정리한 것이에요.

정조의 총애를 받은 정약용

규장각의 관리가 되었어요

정약용은 성균관에서 시험을 볼 때마다 1등을 도맡아 했지만, 과거 시험은 계속 떨어졌어요. 그래서 관직에 바로 나아가지 못했어요. 정약용을 빨리 곁에 두고 싶어 했던 정조 임금이 걱정할 정도였지요. 정약용은 포기하지 않고 공부를 계속해, 마침내 6년 만에 과거 시험에 합격했어요.

실학의 체계를 완성한 정약용

정조는 정약용이 과거에 급제하자, 얼마 후 그를 규장각의 관리로 뽑았어요. 규장각은 정조가 만든 왕실 도서관이에요. 정조는 이곳에서 자신을 도와줄 젊은 관리들을 뽑아 3년 동안 공부를 시켰어요. 이들을 '초계문신'이라고 해요. 초계문신으로 뽑힌 사람들은 한 달에 한 번씩 시험을 쳐서 공부한 내용을 확인받았어요. 정약용은 이 시험에서도 여러 번 1등을 했답니다. 그러니 정약용에 대한 정조의 믿음은 남달랐지요.

한강에 배다리를 놓았어요

정조는 억울하게 죽은 아버지, 사도 세자를 그리워했어요. 사도 세자가 죽은 후 서둘러 장례를 지냈기 때문에 그의 능은 초라하고 위치도 좋지 않았어요. 그래서 아버지의 능을 명당인 수원의 화산으로 옮기려 했어요. 사도 세자의 반대 세력이었던 신하들은 그럴 수 없다고 했어요. 능을 수원으로 옮기면 그곳에 갈 때마다 배를 타고 한강을 건너야 하는데, 너무 위험하다는 이유를 댔지요.

★**능** 왕이나 왕비의 무덤을 말해요.
★**명당** 땅의 기운이 좋아 인간에게 복을 줄 수 있는 곳을 말해요.

실학의 체계를 완성한 정약용

"배를 타지 않고 다리를 만들어 건너면 될 것 아닌가?"
정조는 정약용에게 배다리를 만들라고 했어요. 배다리로 강을 건너면 배를 타는 것보다 안전하지만 만드는 데 비용이 많이 들었어요. 처음에는 배 77척을 대나무와 칡으로 연결하여 배다리를 만들었어요. 배 위에는 흙을 깔고 잔디까지 덮었어요. 그 후 방법을 더 연구하여 36척의 배로도 다리를 만들 수 있게 되었어요. 정조는 정약용이 만든 배다리를 이용하여 아버지의 능을 자주 오갈 수 있었지요.

수원 화성을 설계했어요

정조는 아버지의 능이 있는 수원에 새로운 성을 만들 계획을 세웠어요. 이 일을 맡길 사람으로는 정약용을 염두에 두었지요. 정약용은 배다리를 만드는 어려운 일도 척척 해냈으니까요. 정약용은 우선 정조에게 〈성설〉을 올렸어요. 〈성설〉은 우리나라와 중국, 서양 등 여러 나라의 성에 관해 체계적으로 정리한 책이에요. 정조는 책의 내용이 무척이나 마음에 들었어요.

실학의 체계를 완성한 정약용

정약용은 무거운 돌로 성을 쌓기 위한 기구도 만들었어요. 대표적인 것이 '거중기'예요. 거중기는 도르래의 원리를 이용하여 돌을 들어 올리는 기구예요. 정약용이 만든 거중기는 중국에서 만든 것보다 네 배나 더 효율적이었어요. 거중기를 이용하여 성을 쌓은 덕분에 10년 걸릴 공사를 2년 6개월 만에 완성했지요. 성을 만드는 데 드는 비용도 많이 아낄 수 있었어요.

암행어사가 되었어요

수원에 화성을 짓기 시작하던 해에 흉년이 들었어요. 백성들의 삶이 걱정된 정조는 정약용을 경기도에 암행어사로 보냈어요. 정약용이 한 마을을 지나고 있을 때였어요. 마을 사람들이 멀쩡한 향교를 부수고 있었어요. 사람들은 고을 수령의 명령으로 이 같은 일을 한 거예요. 그 수령은 벼슬이 높은 사람에게 잘 보이려고 향교 자리에 그 조상의 묘지를 만들려고 한 것이에요. 정약용은 이 사실을 임금님께 알리고 일을 바로잡았어요.

또 다른 마을을 지날 때의 일이에요. 마을 사람들이 비싼 값을 주고 관아에서 쌀을 사는 거예요. 어느 수령이 정조 임금이 수원으로 갈 때 지나는 길을 넓힌다며 쌀을 비싸게 팔았던 것이지요. 정약용은 그의 잘못을 바로잡았고, 그 수령은 결국 벼슬에서 쫓겨났답니다.

★**향교** 조선 시대 지방 교육 기관으로, 오늘날의 학교와 같은 곳이에요.

지방관이 되어 백성의 삶을 살폈어요

정조의 신뢰를 받으며 관직을 지내던 정약용이 먼 지방의 관리로 가게 되었어요. 왜 그랬을까요? 바로 정약용을 못마땅하게 여긴 신하들 때문이었어요. 천주교가 차츰 퍼져 나가던 상황에서 정약용을 마땅찮게 여기던 신하들이 해코지를 한 거예요. 그가 한때 천주교를 믿었다고 말이에요. 정조는 정약용을 황해도 곡산의 수령으로 보냈어요.

정약용이 황해도 곡산에 도착할 즈음이었어요. 한 남자가 억울함을 풀어 달라며 길을 가로막았어요. 이 남자는 이전 수령에게 정해진 것보다 더 많은 세금을 걷는 일에 항의했다가 관군에게 쫓기고 있었거든요. 정약용은 그의 행동에는 죄가 없다며 풀어 주었어요. 그 외에도 정약용은 세금을 공정하게 걷기 위해 옷감을 걷을 때 재는 자를 정확하게 만들어 사용하도록 했어요.

실학의 체계를 완성한 정약용

실학의 체계를 완성한 정약용

18년간의 유배 생활

유배를 떠나게 되었어요

정약용은 수령이 된 지 2년쯤 되던 해, 조정으로 돌아왔어요. 정조가 그를 다시 불렀기 때문이에요. 그러자 정약용을 미워했던 신하들은 또다시 그를 공격했어요. 이번에는 정약용의 형이 천주교를 믿었던 것을 핑계 삼았어요. 정약용은 하는 수 없이 관직에서 물러나 고향으로 돌아갔어요.

그런데 얼마 되지 않아 뜻밖의 소식을 들었어요. 그를 아꼈던 정조 임금이 갑자기 세상을 떠난 거예요.

정조에 이어 열한 살의 순조가 조선의 제23대 왕위에 올랐어요. 순조는 어린 나이에 왕이 되었기 때문에 왕실의 가장 큰 어른인 정순 왕후의 도움을 받아 나라를 다스렸어요. 정순 왕후는 정약용을 미워했던 신하들과 뜻을 같이했어요. 그래서 천주교를 믿는 사람들을 닥치는 대로 잡아들여 300여 명을 죽였어요. 그 과정에서 천주교를 끝까지 믿었던 정약용의 셋째 형인 정약종과 매형인 이승훈도 죽음을 맞이했어요. 정약용과 둘째 형인 정약전은 유배를 가게 되었지요.

★**정순 왕후** 정조의 할아버지인 영조의 부인이에요.

책을 쓰고 제자를 길러 냈어요

처음에는 경상도 장기(지금의 포항 지역)로 유배를 갔어요. 그러다가 얼마 안 있어 다시 전라도 강진으로 유배를 갔지요. 유배지에서의 삶은 무척 고달팠어요. 처음 강진에 도착했을 때 한동안 살 집을 구하지 못할 정도였어요. 다행히 정약용을 불쌍하게 여긴 주막집 할머니가 자신의 집에서 살 수 있게 해 주었지요. 정약용은 그곳에 살면서 한동안은 아무 일도 할 수 없었어요. 1년쯤 지난 어느 날 정약용은 마음을 고쳐먹었어요.

실학의 체계를 완성한 정약용

'이렇게 시간을 낭비할 순 없어. 공부도 다시 시작하고 아이들도 가르쳐야겠다.'

정약용은 자신이 사는 곳을 '사의재'라고 이름 지었어요. '사의재'는 말과 행동, 생각, 몸가짐 등 네 가지를 바르게 지키는 곳이란 뜻이에요. 정약용은 4년 동안 이곳에서 책을 쓰며 학문에 온 힘을 쏟았어요. 사의재에서 외갓집이 멀지 않아 책도 빌려 와 읽을 수 있었지요. 그러면서 제자를 기르는 일도 게을리하지 않았어요.

자식을 사랑한 아버지, 정약용

"학연이를 이곳으로 보내시오. 내가 곁에 두고 가르치겠소."
학연은 정약용의 첫째 아들이에요. 정약용은 큰아들을 자신이 사는 곳까지 불러 공부를 가르쳤어요. 유배지에서도 자식들이 늘 걱정되었던 것이지요. 정약용은 여섯 명의 아들과 세 명의 딸이 있었어요. 그런데 그중 여섯 명이 어릴 때 천연두에 걸려 죽었어요. 남은 자식은 아들 두 명과 딸 한 명뿐이었지요.

아이들이 보고 싶군!

실학의 체계를 완성한 정약용

정약용은 두 아들에게 편지도 자주 썼어요. 그중에는 부인이 결혼할 때 입었던 낡은 치마를 잘라 만든 것도 있어요. '하피첩'이라고 불리는 이 편지에는 학문에 힘쓰며 부지런히 살라는 정약용의 당부가 담겨 있지요. 한편 정약용은 유배를 와 있었기 때문에 딸의 혼례에도 직접 가 보지 못했어요. 대신 딸을 생각하는 마음을 담아 글을 보냈지요. 그 글에는 매화나무 가지와 새가 그려져 있답니다.

정약용이 오랜 기간 머물던 다산초당

정약용이 18년 동안 유배 생활을 하면서 가장 오래 머물렀던 곳이 어디인지 알고 있나요? 바로 전라남도 강진에 있는 '다산초당'이에요. 집 주변에 차나무가 자라서 붙여진 이름이지요. 정약용은 다산초당에서 유배가 풀릴 때까지 10여 년 동안 살면서 여러 책을 썼어요. 그중 대표적인 책이 관리들이 지방을 다스릴 때 지켜야 할 내용을 적은 〈목민심서〉랍니다. 집이 무척 마음에 들었던 정약용은 훗날 자신의 호도 집 이름을 따서 '다산'이라고 지었어요.

'다산초당'은 차나무가 자라는 산에 있는 초가집이란 뜻이래요.

다산 기념관
위치 전남 강진군 도암면 다산로 766-20
전화 061-430-3911
관람료 500원
홈페이지 http://dasan.gangjin.go.kr

다산초당 뒤쪽의 오솔길을 따라 올라가면 '백련사'라는 절이 있어요. 유배 시절 정약용이 자주 찾아갔던 절이에요. 정약용은 왜 절에 자주 갔을까요? 그건 혜장 스님을 만나기 위해서였답니다. 정약용과 혜장 스님은 서로의 학문을 알아보고 친구가 되었어요. 혜장 스님은 정약용이 찾아올 때마다 차를 끓여 대접했다고 해요. 다산초당 외에도 '다산 기념관'을 가면 정약용이 직접 쓴 글과 강진에서 키워 낸 제자들이 남긴 유물을 볼 수 있답니다.

500여 권의 책을 남기다

고향으로 돌아왔어요

정약용은 유배를 간 지 18년 만에 고향으로 돌아올 수 있었어요. 그러나 그의 형 정약전은 병이 들어 돌아오지 못하고 흑산도에서 죽음을 맞이했어요. 57세의 나이에 고향에 돌아온 정약용은 인삼 농사를 짓기도 하고 강진에서 하던 공부를 계속했어요. 그리고 마침내 500여 권의 책을 완성했어요. 그가 죽은 뒤 후학들이 이 책을 묶어서 〈여유당전서〉를 펴냈어요. 정약용의 또 다른 호인 '여유당'을 따서 붙인 것이지요. '여유당'은 세상을 조심스럽게 살아가자는 뜻이에요.

한편 고향에 돌아와 회갑을 맞이한 정약용은 자신의 묘지명을 지었어요. 묘지명은 죽은 사람의 공을 글로 남기는 것을 말해요. 보통은 다른 사람이 써 주는데, 정약용은 스스로 지은 것이지요. 묘지명에는 이익의 책을 읽고 학문에 정진한 일부터 정조와의 추억, 유배 생활 등이 쓰여 있어요. 자신의 삶을 돌아보면서 어렵게 완성한 학문을 다른 사람들에게 널리 알리기 위해서 쓴 내용이지요.

1표 2서가 뭐예요?

정약용이 쓴 500여 권의 책은 역사, 지리, 언어, 법, 농업, 음악 등 여러 분야에 두루 걸쳐 있어요. 그중 대표적인 책이 〈경세유표〉, 〈흠흠신서〉, 〈목민심서〉예요. 이 세 가지 책을 합쳐서 '1표 2서'라고 해요.

세 권의 책 중에서 가장 먼저 쓴 것은 〈경세유표〉예요. 이 책은 조선을 힘 있는 부자 나라로 만들기 위해 제도를 어떻게 바꾸어야 하는지 정약용의 고민이 담겨 있어요.

실학의 체계를 완성한 정약용

〈목민심서〉에는 지방관을 지냈던 자신의 경험을 바탕으로 수령이 백성들을 다스릴 때 해야 할 일과 하지 말아야 할 일이 실려 있어요. 〈흠흠신서〉는 정약용이 유배에서 풀려난 뒤 쓴 책이에요. 이 책에는 백성들을 재판하고 벌줄 때 공평하게 잘 살피라는 내용이 실려 있지요. 이렇듯 '1표 2서'는 조선을 잘 다스리는 방법을 담아낸 책이랍니다.

정약용이 쓴 의학서, 〈마과회통〉

정약용이 쓴 책 중에는 전염병에 대한 것도 있어요. 바로 〈마과회통〉이에요. 이 책은 천연두에 대해 쓴 거예요. 천연두는 조선 시대에 많은 사람의 목숨을 빼앗아 간 무서운 병이었는데, 특히 어린아이들이 많이 걸렸어요. 이 병에 걸리면 높은 열에 시달리고 피부에 물집이 생겨 콩알처럼 부풀어 올랐어요. 〈마과회통〉에는 천연두의 내용과 치료법이 자세히 실려 있어요.

실학의 체계를 완성한 정약용

정약용은 유학을 공부했는데 왜 의학서인 〈마과회통〉이라는 책을 썼을까요? 정약용은 평소 천연두에 대해 관심이 많았어요. 자신도 열 살 무렵에 천연두를 앓았고, 무엇보다도 자식 중에 여러 명이 천연두에 걸려 안타깝게 목숨을 잃었거든요. 정약용이 황해도 곡산의 수령으로 있을 때 천연두가 유행했어요. 정약용은 병에 걸려 고생하는 백성들에게 도움을 주고자 중국에서 들여온 여러 의학 책을 연구했어요. 그리고 마침내 천연두를 예방하는 방법과 치료법을 정리한 〈마과회통〉을 완성했지요.

이런 낙원이 조선의 앞날이 되면 좋겠구나!

백성을 위해 공부한 정약용

정약용이 살던 조선 시대는 어떤 모습이었을까요? 정조 임금이 갑자기 죽은 후 조선은 세도 정치가 시작되었어요. 당시 탐관오리들은 자신의 욕심을 채우려고 부정한 방법으로 세금을 거두었어요. 백성들의 삶은 무척이나 고달팠지요. 특히 자기 땅이 없는 농민들은 이곳저곳으로 떠돌아다니며 생활했어요. 정약용은 이런 백성들의 생활을 안타까워했어요.

실학의 체계를 완성한 정약용

'농사짓는 사람들이 땅을 가지고 편안하게 생활할 수 있는 방법은 없을까?'
정약용은 조선의 토지 제도를 바꾸어야 한다고 생각했어요. 정약용이 주장한 여러 토지 제도 중 대표적인 것이 '여전제'예요. 여전제는 공동 경작지를 만들어 마을 사람이 함께 농사짓고 생산된 곡식을 나누어 갖는 거예요. 정약용은 개혁을 통해 조선의 부국강병을 꿈꾼 최고의 학자라고 할 수 있지요.

★**공동 경작지** 공동으로 소유하고 함께 농사짓는 땅을 가리켜요.
★**부국강병** 강하고 잘사는 나라를 뜻해요.

한걸음 더 실학 박물관을 찾아서

정약용의 업적과 실학에 대해 더 알고 싶다면 실학 박물관에 한번 가 보세요. 이곳의 옛 이름은 '마재'로, 정약용이 태어난 곳이에요. 실학 박물관에 들어서면 먼저 야외 전시장의 거중기가 눈에 들어와요. 내부 전시실에 가면 실학의 탄생 배경, 여러 실학자들의 주장, 조선 시대에 만들어진 다양한 과학 기구와 지도를 볼 수 있어요. 지도 중에는 실학 박물관에서 실물 크기로 복원한 '신곤여만국전도'가 있어요. 이 지도는 중국에서 전해진 곤여만국전도를 왕의 명령으로 다시 그린 것으로, 조선 사람들의 중국 중심의 생각에 변화를 가져왔지요.

실학 박물관
위치 경기도 남양주시 조안면 다산로747번길 16
전화 031-579-6000
관람료 무료
홈페이지 http://silhak.ggcf.kr

그림으로 보는 도전하는 인물들

교과서에 나오는 한국사 인물

최무선

연도	나이	사건
1325년	1세	경상도 영주에서 태어남.
1377년	53세	화통도감이 설치된 후 여러 화약 무기를 만듦.
1380년	56세	진포 대첩에서 왜선 500여 척을 불태우고 승리함.
1383년	59세	남해 관음포에서 왜구를 물리치는 데 큰 공을 세움.
1389년	65세	화통도감이 폐지되자 〈화약 수련법〉, 〈화포법〉 등을 씀. 박위와 함께 쓰시마섬 정벌에 참여함.
1392년	68세	조선이 세워진 후 이방원의 건의로 벼슬을 함.
1395년	71세	일생을 마침.

장영실

연도	나이	사건
1390년	1세	출생(추정).
1421년	32세	세종의 명을 받아 중국에 가서 여러 천문 기구를 둘러봄.
1423년	34세	상의원 별좌에 임명되어 노비의 신분에서 벗어남.
1433년	44세	혼천의를 완성함.
1434년	45세	자격루를 완성하고 갑인자를 제작함.
1437년	48세	천문 관측기구인 대간의와 소간의를 만들고, 앙부일구를 제작함.
1438년	49세	왕을 위한 시계, 옥루를 만듦.
1441년	52세	측우기와 수표를 제작하는 데 감독함.
1442년	53세	왕의 가마가 부서져 관직에서 물러남.

허준

연도	나이	사건
1539년	1세	경기도에서 출생.
1569년	31세	유희춘의 추천으로 내의원의 의원이 됨.
1587년	49세	선조의 건강이 회복된 공을 인정받아 사슴 가죽을 받음.
1590년	52세	광해군의 두창을 치료함.
1592년	54세	임진왜란이 일어나자 선조를 따라 의주까지 피란을 감.
1596년	58세	선조의 명으로 〈동의보감〉을 편찬하기 시작함.
1600년	62세	내의원의 최고 의원이 됨.
1608년	70세	선조가 죽자 귀양을 감.
1610년	72세	〈동의보감〉을 완성함.
1615년	77세	일생을 마침.

박지원

연도	나이	사건
1737년	1세	한양 근처에서 출생.
1764년	28세	소설 〈양반전〉을 완성함.
1768년	32세	한양의 백탑 근처로 이사 감.
1778년	42세	홍국영을 피해 황해도(연암협)에 가서 살게 됨.
1780년	44세	중국에 사신으로 가는 사촌 형을 따라 북경과 열하를 둘러봄.
1783년	47세	〈열하일기〉를 완성함.
1791년	55세	안의현 수령으로 5년간 백성을 다스림.
1805년	69세	일생을 마침.

정약용

연도	나이	사건
1762년	1세	경기도 마재에서 출생.
1776년	15세	성호 이익의 학문을 처음 알게 됨.
1783년	22세	과거 진사과에 합격하여 성균관에 입학함.
1789년	28세	과거 시험에 합격하여 벼슬살이를 하고 한강에 배다리를 놓음.
1793년	32세	수원 화성의 설계를 맡음.
1794년	33세	경기 지역의 암행어사로 파견됨.
1801년	40세	천주교 탄압으로 전라도 강진으로 유배됨.
1818년	57세	유배에서 풀려난 뒤 고향으로 돌아와 〈목민심서〉를 펴냄.
1836년	75세	일생을 마침.